佐賀新聞社

人間みな違うはずですが？

コリアン編

佐藤 武　李 娜　梁 正善
山口 祐香　黄 正国

Contents

目次

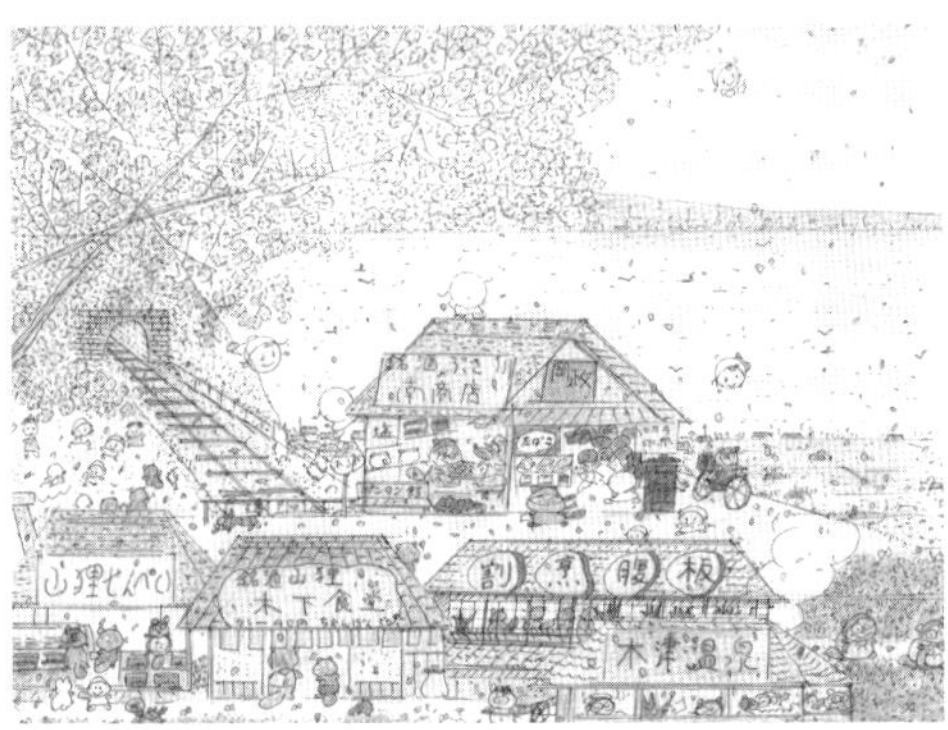

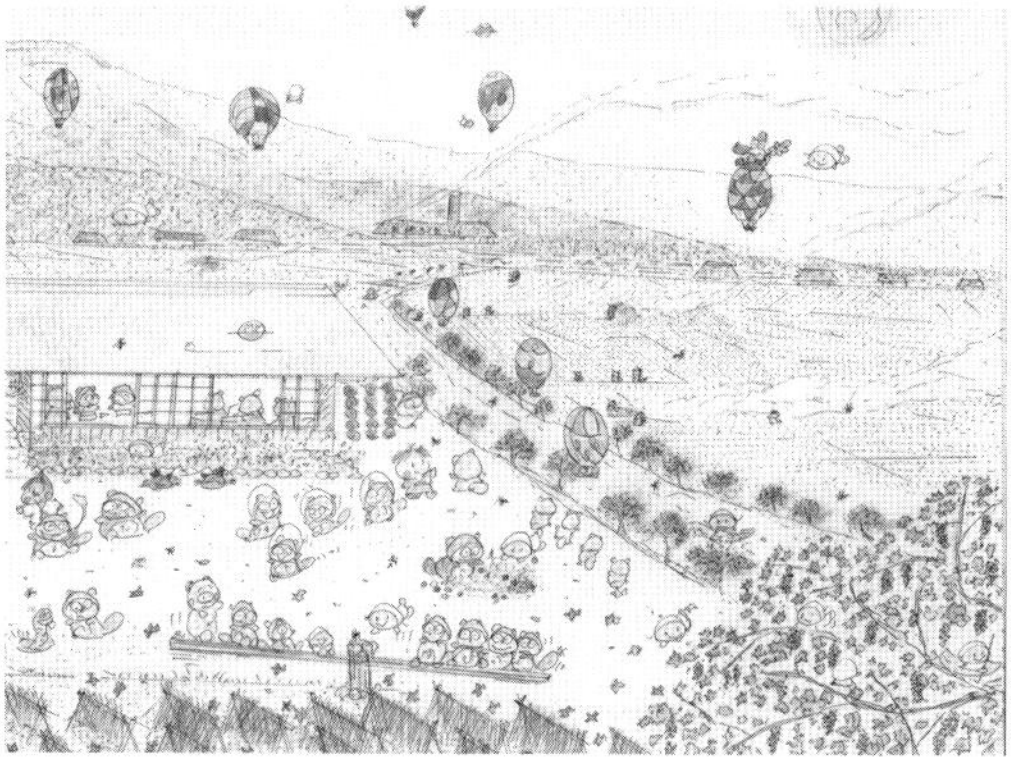

はじめに

私がなぜ本書を書きたいと思ったのか。それは、「冬のソナタ」と「宮廷女官チャングムの誓い」という韓流ドラマにはまってしまい、どうしてもドラマの撮影現場を見たくなり、韓国に数回夫婦で旅行に行ったことがきっかけでした。

この二つのドラマを見て、自分も何回も泣かされましたが、冬のソナタでは、二人の主人公のうちユジンはドラマの中で五十九回も泣くシーンがあり、男性のチュサンも十三回泣くシーンがあったと知りました。この時、韓流映画は人を泣かせる魅力があると、感じましたし、韓国の方というのは、どうしてこんなに涙と縁があるのかなあ、もっと韓国文化を知りたいと思うようになりました。その一方で、職場の同僚で、心理カウンセラーとして勤務されている韓国人の方がいらっしゃって、暇な時間に韓国人を理解するには、どのような心理を学べばよいのか尋ねながら、教えてもらいました。

「冬のソナタ」（原題：겨울연가・キョウルヨンガ）は、二〇〇二年に韓国の公共放送局である韓国放送公社のKBS第2テレビジョンで放送された全二十話

の連続テレビドラマです。監督はユン・ソクホ。主演はペ・ヨンジュンとチェ・ジウ。アジアと世界での韓流ブームのはじまりとなった作品だと広く認められています。二〇〇三年から二〇〇四年にかけて日本で放送され、「冬ソナ現象」と呼ばれるほどの大ブームを巻き起こし、日本で韓流ドラマが認知されるきっかけとなった作品です。この時、私は四十六歳でした。

「宮廷女官チャングムの誓い」（原題：大長今・대장금・テチャングム）は、韓国MBCにて二〇〇三年九月一五日から二〇〇四年三月三〇日まで放送されたテレビドラマ（時代劇）です。この物語の主人公は、水刺間内人（スラッカンナイン。内人は女官と訳されている。以下同じ）、出納尚宮（出納係）を一時兼務、内医院医女（ネウィウォン　ウィニョ）、母の夢・水刺間最高尚宮を経て、正三品堂上官（チョンサンプム　タンサングァン）に相当する大長今の称号を受けます。天賦の才能と屈強な精神力の持ち主で、母の遺志を継ぐべく、さまざまな障害を乗り越えながら、水刺間の最高尚宮を目指すが、頑固な一面もあり、それがもとで自ら危機を招く事も多く、波乱のシーンが重なります。その半生に、多くの出会いと別れを経験し、人として強く、たくましく成長し、女性でありながら朝鮮史上初の国王の主治医となるというストーリーです。チェ一族崩壊の後、水刺間

最高尚宮代行（暫定ながら第十五代）を務め、卓越した料理の腕を存分に披露しました。瀕死の国王中宗の密命によってミン・ジョンホのもとに送られ、彼と結ばれ女児をもうけるという実話とのこと。私は、このチャングムの誓いに出合わなかったから、朝鮮・韓国文化をよりよく理解しようと努力しなかったと思います。私の人生も、チャングムと同じように、「やられたら、やりかえす」という運命をたどってきました。あの手この手で大学から追い出されそうになりましたが、どうにか、現在まで在職できているのも、このチャングムの生きる姿勢を学び、その困難を乗り越える努力を重ねたからだともいえます。

ここで、まず、日本と朝鮮民主主義人民共和国（以下、北朝鮮）、韓国の面積や人口数を調べてみましょう。日本は東アジアに位置する島国であり、国土総面積は約三七万七、九〇〇平方キロメートルです。本州、北海道、九州、四国と沖縄本島のほか六八〇〇を超える島から構成されており、四十七の都道府県が地方公共団体として自治権を持っています。日本の総人口は約一億二七〇〇万人であり、およそ九〇％が都市部や市街地に居住しています。二〇一五年現在、総人口の約三六・四％が東京都、神奈川県、大阪府、愛知県、埼玉県に集中しています。そのうち東京都の人口が最も多く、総人口の約一〇・六％にあたります。

一方、北朝鮮の面積は十二万余平方キロメートル（日本の三分の一程度）で、人口は二〇一三年時点で約二五〇〇万人ちょっとであり、日本の総人口の五分の一程度です。大韓民国（以下、韓国）の面積は、約一〇万平方キロメートルで、総人口は約五一〇〇万人。韓国の人口は、北朝鮮の約二倍になりますね。ちなみに、九州の総面積は、四万四五〇〇平方キロメートル、人口は一四二六万人です。九州の二倍の面積が韓国の総面積になります。

朝鮮半島の人々が用いる朝鮮語は、ハングルという民族固有の文字で表記されます。朝鮮時代の一四四三年に世宗大王と様々な学者が作り、一四四六年に「民衆を訓《おし》える正しい音」という意味の「訓民正音」と名付けられ、世に広がりました。ハングルという名前は二〇世紀はじめにつけられたようです。誰もが使いやすい文字を作ろうという趣旨のもとハングルが作られたようです。当初は、身分の高い知識人から軽視されたため、広く普及せず、主に女性や身分の低い人々の間で使われていました。近代に入ってから、漢字より学びやすい点などが見直され、広く使われるようになり、現在に至っています。最も、新しい文字ともいえます。そのハングルの基本である「・」は天を表し、「ㅡ」は地、「ㅣ」は人を表し、これらの組み合わせによって、文字が作られています。日本語でいえば、「あいうえお」と同じですね。

さて、このハングルを用いる民族がどのような物の考え方、文化や習慣をもっているのか、日本に留学されている方や日韓ハーフの方々とのふれあいと学生相談の経験から、日本人とどのように異なるのかを理解したいと思います。

最後に、本書の目的は、日朝韓あるいは韓朝日の友好を深めるために書きたいと思っています。様々な政治的、社会的な問題（筆者にはわかりません）については、触れません。本書はまた一般の方々や留学生に関与されている方々のためのものです。今後も多くの留学生が日本に期待して、日本を訪れ、学ぶための参考資料として、気軽に読んでいただければと期待しています。お互いを理解することが、誤解を生まない最善の方法だと私は考えています。

佐藤　武

第1章

日本人からみたコリアン

（佐藤　武）

まず、韓国・中国の留学生の心理相談の経験から、それぞれの国における人間関係を総論的にまとめたいと思います。

日本人の人間関係は最近、変わりつつありますが、本来は田畑を中心として生活する農耕民族、島国民族、定住民族であり、法治主義によって社会が維持され、規則をしっかり守っていく社会だと思います。日本人がどう見えるかを数名の留学生に尋ねてみました。「日本人は人間関係において相手との調和を優先して、気持ちを察し、いつも他人の考えに気を配りながら、人間関係を維持している。自分の本心を表現せずに、曖昧な表現をするのが礼儀だ」と見えるようである。韓国の留学生は日本人と比較すると、より自分の考えや心情を人の前でそのまま表現し、単刀直入的な傾向が強いように思いますが、中国人も同様な傾向がみられます。中国人、日本人、韓国人の人間関係をわかりやすく大豆で喩えると、それぞれ「大豆一粒」、「納豆」、「味噌」と表現できるだろう。（李　圭泰の著書より）日本人の人間関係は納豆のように糸を引いている豆で、それぞれの形は保っているものの、糸を引いているため、ねばねばと絡み合う義理人情至上主義が強い。地域で目立たないように生きていくには、同調・調和といった相手の気持ちを察する力が必要とされます。一方、中国人における人間関係は「自我中心」、韓国人における人間関係は「儒教・年功主義」などに象徴されますが、微妙な差異があるからでしょう。この喩えは、私が韓国を知るための座右の書としている李圭泰著（尹淑姫・岡田聡　訳）『韓国人の情緒構造』（新潮選書、一九九五年）に詳しく記載されています。

日本人と留学生の心理的な悩みにも違いがあります。日本人には、周囲から自分がどう見られるかという過剰な意識に悩む「対人恐怖症」が以前から多くみられました。最近では「こうしなければ…」という強迫的傾向から、「もう両親や先生の期待に応えきれない」といううつ状態も多いように見受けられます。韓国の民族的な心の病気として、「火病」があります（後述）。憤怒症候群とも呼ばれますが、文字どおり「怒りの抑制」に原因があるようです。症状としては、不眠、疲労、パニック、切迫した死への恐怖、不快感情、消化不良、食欲不振、呼吸困難、動悸、全身の疼痛、心窩部《しんかぶ》（みぞおちあたり）に塊がある感覚などを呈するが、自分の言いたいことが言えない状況で生じる病気です。中国人の悩みとしては、心身の不調を「脳」の働きで感じることが強いようで、「神経衰弱」という診断があります。WHO（世界保健機構）が提出しているICD－10（国際的な診断基準）では、中国を配慮して今でも「神経衰弱」という診断を残しています。

ところで、日本人の人間関係はどう変化しているのか？ 米国の影響を受けているためか、米国で二十年以上前から問題となっている「境界性パーソナリティ障害」の悩みを抱える学生が増えています。すなわち、極端から極端に行動する学生で真ん中がない。適当な人間関係が維持できづらく、見捨てられるのではないかという不安に怯えています。心理的な距離が近すぎたり、離れすぎたりで情緒不安定であり、人と適当につきあうことができないパーソナリティ上の問題です。すなわち、納豆ではなくて、大豆一粒のバラバラな人間関係が好きなように見えますが、本当の大豆一粒になれない学生が増えているのです。この社会的な現象は、韓流映画の人気にも反映されているようですが、現在の日本人は大豆一粒では寂しいのか、韓流映画に象徴される味噌型人間関係に癒しを求めて中和され、日本人本来の「納豆型人間関係」を取り戻したいと叫んでいるかのように私には見えてしまいます。

① 「恨」について

韓国人のこころを知りたいとカウンセラーをされている韓国人に尋ねました。

それは二十数年前に、佐賀大学にて、初めて韓国人カウンセラーと仕事をしたときの思い出です。韓国人を理解するには、「恨（ハン）」を理解してくださいと教えられました。歴史のことには触れたくなかったのですが、恨を理解するには、どうしても最低限の朝鮮・韓国の歴史に触れざるを得ません。朝鮮総督府は日韓併合後、朝鮮統治のために朝鮮王朝の王宮があった景福宮の景観を遮るように造られた豪壮な建築物でした。一九四八年の大韓民国成立宣言はここで行われ、以来一九八三年まで政府庁舎として使用されました。植民地時代も植民地後も歴史的建造物ですが、一九九五年に最終的に解体撤去されました。この建物はまさにソウル中心部にそびえ立っていたわけで、歴史的建造物として保存することも考えられたようですが、撤去に向かったのはこの建物が歴史的屈辱の象徴だという理由からでもあります。そこにある意識は反日だけではない。朝鮮総督府の建物は日本による支配だけではなく、何百年にもわたり異民族に脅かされ支配を受けてきたことの象徴と捉えられたのでしょう。

朝鮮の人たちが持つ「恨」の意識がそこにあります。一六世紀に豊臣秀吉の朝鮮出兵があり、その後は清の侵攻を受けて従属し、日清戦争の戦場となり、日韓併合により日本の植民地となりました。漢族や蒙古族、そして日本（人）の支配を受けざるをえなかったことに対する恨みであると同時に、日本の敗戦という形で日本支配を脱したにすぎず、決して自らの手で自立を勝ちとったわけではないというむなしさがあります。独立後も李承晩や朴正熙による軍事独裁政権という内なる支配にあったわけで、「恨」の意識は韓国人の心に根深く生き続けているといっても間違いではないでしょう。多くの日本人は戦後の日本は平和主義に徹し、世代も変わったのに、なぜ、かように過去の歴史にこだわり続けるのか、日本は何回謝ればよいのか、韓国の反日意識は未来永劫続くのではないかという受け止め方をしています。韓国の日本に対する行動はあまりに無責任で、これは日本が韓国を甘やかしすぎたせいではないかという議論も盛んに行われています。

つまり、多くの韓国の人々は「恨」の意識を抱きます。それは長年の他民族による支配を脱することができなかった恨み、悲しみ、憤りです。それは日本に向くと同時に韓国の支配者層にも向けられています。このような長年にわたり、韓国人の心に染み付いた「恨」の感情を理解せずに韓国と向き合うことはできないと思います。

② 火病について

ストレスが高い状況で心身の不調和が生じる状態を火病（ファッピョン／ファビョン、화병）といわれることがあります。それは、鬱火病（ウルァッピョン／ウラッピョン、울화병、울홧병）の略称で、文化依存症候群（文化結合症候群）のうち、朝鮮民族に顕著にみられる精神疾患と指摘されている病気と思われます。北朝鮮と韓国でともによくつけられる診断名ですね。米精神医学会『精神障害の診断と統計マニュアル』の巻末附録「文化的定式化の概念と文化と結び付いた症候群の用語集」では「韓国人にだけ現れる珍しい現象で、不安・うつ病・身体異常などが複合的に現われる怒り症候群」とされています。韓国には専門の「火病クリニック」もあるほどです。

朝鮮における火病の歴史は古く、朝鮮王朝時代にまでさかのぼります。正祖の母親は著書『閑中録』の中で怒りによって胸が痛み、極度の不安を感じたり、うつ状態になったりする火病と酷似した病を「火症」と表現しています。火病は「お腹の中に火の玉があがってくるようだ」という韓国人に特有な愁訴が特徴で、「怒りを抑圧し過ぎたことによって起きる心身の不調」とされています。米国が提唱している「DSM-IV精神疾患の診断・統計マニュアル」によれば、症候として、不眠、疲労、パニック、切迫した死への恐怖、不快感情、消化不良、食欲不振、呼吸困難、動悸、全身の疼痛、心窩部に塊がある感覚などを呈する、といわれています。また、医師でメンタルヘルスガイドの中嶋泰憲によれば、不眠、激しい疲れ、パニック、今にも死んでしまうような感覚、冴えない気分、消化不良、食欲消失、息苦しさ、動悸、体の痛み、みぞおちのしこり感といった異変が心身に生じる、ともいわれています。

精神科医キム・ジョンウによると、火病は一種のストレスの病気であるが、一般的なストレス病では急にストレスが現れる場合が多いのに対し、火病では同じストレスを六カ月以上受けているときに生じるといわれています。また、怒りの原因を我慢することで起きるのが特徴であるといいます。また、キム・ジョンウは、韓国の精神科医が集まると「火病になる人は純粋で頑固な人が多い。患者さんが楽天的で、融通性があり、たまには人を騙したり、悪いことを見て見ぬ振りができれば、神経症にかからないのに」という話をよくすると述べています。火病の原因は「恨」であり、弱くて善なる人間が強者に対して感じる劣等感、葛藤として現れるといわれています。私は火病の原因は、「恨」にあると考えています。韓国語の「恨」は、日本語の「恨み（あるいは怒り）とは全く異なる情動です。むしろ、感情的なしこりや痛恨、悲哀、無常観に近い概念で、身分制度の厳しい朝鮮社会にあって、抑圧され虐げられてもやり返すことの出来ない庶民たちが、その心の中に抱いたやり場のない思いのことを指します。私の仮説は、その怒り、恨みが心身の状態に影響して、火病となって表現されているのではないかと勝手に推測しています。

③ 親子関係について

儒教思想に強い影響を受けてきた韓国人は、何よりも家族を大切にします。特に両親を尊敬しています。もちろん、日本人にとっても家族は大切です。しかし、韓国ではそれ以上で、日本の家庭ドラマを見て、あまりにも寂しい状況に我慢できない人もいます。韓国人から見ると、「日本人は、食事もバラバラでとり、みんな部屋に閉じこもり、家族との会話がない。親を尊敬している人が少なくて、自分のことを第一に考える」と思っています。韓国人の家族の結びつきは非常に強いと思います。「いつも顔をつき合わせて、良いことも悪いことも共有し、毎日の出来事を話し合う」これが朝鮮・韓国人が思い描く家庭です。韓国人の父親には威厳があり、母親は教育熱心。子供は親を敬い、言われたことに逆らわない。家族同士で助け合う気持ちが非常に強い印象を受けます。韓国人の男性は、母親の愛情を受けすぎて、日本人からすると母子関係が強いのではないかと思うくらい母親を大切にします。常に母親の意見を求める息子、息子の行動にいちいち口出しをせずにいられない母親という関係があります。母親を大切にすることは重要なのですが、それが行き過ぎてしまうこともあると聞きます。韓国では家族だけではなく親族を大切にします。朝鮮・韓国人は身内意識が強いので、家族→親族→地域→国という具合に広がって行きます。これが朝鮮・韓国人が自分たちの国を愛する所以でしょう。兄弟同士の関係も希薄になっている日本ですが、朝鮮・韓国では兄弟の親密さはもちろん、いとこも兄弟と変わらないほど仲が良いと聞いています。

ところで、韓国では徴兵制度があります。韓国に徴兵制度がある大きな理由の一つは、「いまだ休戦中の国だから」です。一九五〇年に勃発し、三年後に休戦となった朝鮮戦争の歴史が徴兵制度の背景にあるからです。満十八歳以上が兵役検査対象者となり、十九歳になる年に兵役判定の検査を受けます。ほとんどの大学生は大学一年生が終わって二年生になる前に、約二年間休学して兵役に就きます。この制度は、私の推測ですが、母子関係の強い韓国の青年が一人前の大人になるために、母親の元から離れて、自立を促す制度でもあるのかなあと感じました。

④ 超学歴社会の朝鮮・韓国社会

「受験地獄が引き起こす韓国の極端な少子化」が問題となっています。韓国では十二月上旬に行われる全国共通の大学入試試験。今年は新型コロナ・ウイルスの対策でかなり粛々と行われますが、例年ですと熱烈に後輩たちが応援したり、遅刻しそうな受験生をパトカーで送り届けたりするのは、日本のニュースなどでもおなじみの光景ですね。人生を決めると呼ばれる試験ですが、これにかける受験生は少数派でして、韓国の受験は実は推薦入学が約八割になるそうです。日本では推薦とAO入試合わせて四六％ですから、韓国がいかに高いかわかります。例えばですが、韓国最難関、国立のソウル大学は推薦の割合が七七・二％、有名私大の高麗大学も八一・三％、延世大学も六五・一％が推薦枠です。これは試験一辺倒を見直しましょうという社会的な動きで、二〇〇二年には約三割程度だった推薦の割合がどんどん増えて、今や約八割にのぼっています。

日本と大きく違うのは、高校での学業成績以外の実績などを指す「スペック」と呼ばれるものが重要になっていることです。韓国の内申書では、クラブ活動、ボランティア活動も重要です。そして校内での表彰歴、例えば、親孝行賞などで、実際にこうした実績を評価する大学もあるそうです。一見開かれた公平な選考に思えますが、逆に格差を生んでしまい、韓国社会の闇となっています。推薦入学が一般的になった結果、「入試コンサルティング」なる業種が登場したのです。この入試コンサル会社が今や韓国に二百五十以上あり、大学側に受けの良い対応を手取り足取り教えてくれる会社ですが、これがとにかく高い。ある会社では自己紹介書の指導で十二万円、面接の指導で十三万円、年間講座で八十万円というケースもあるそうです。所得が高かったり、社会的地位のある保護者を持つ学生が圧倒的に有利な入試制度になっているのが現状のようです。小学校の頃から、弁当を三つ持参し、朝食、昼食、夕食、その後に塾通いというのを聞いたことがありますが、それが嘘ではないほど、韓国社会における受験戦争が厳しくなっています。日本の公立の高校生の塾にかかる費用は年間でだいたい十七万円ですが、一方で韓国の高校生は年間で三十九万円。実に二倍以上になるようです。こういう背景もあり、韓国の出生率は年々下がっていき、最新で〇・八人（二〇二〇年）。一・〇を割るというのはOECD加盟国で韓国だけであり、世界最低水準になっています。少子化が叫ばれている日本ですら一・三九（二〇一九年）であり、韓国がいかに深刻な状況にあるかが理解できます。その背景として、教育費の高騰で子供を持つことを避ける夫婦が増えていることが指摘されています。

⑤ 伝統的人間関係「ウリ」と「ナム」

韓国では秋夕（チュソク、日本のお盆に相当）や旧正月などの名節には国を挙げて何百万人という人々が田舎（故郷）に向かって大移動します。この国の人々は、伝統的に先祖を大切にしてきたので、故郷から離れて暮らしていても、名節になると必ず故郷を訪問して先祖の墓参りをします。このような精神は現在でもしっかりと生きています。日本も同じでしょう。

朝鮮・韓国も日本に続いて高齢社会が急速に進行し、核家族化という社会的な現象面では似た様相を呈していますが、家族関係をめぐる精神構造の内実はだいぶ違っています。韓国では家族が別れて暮らすようになっても、伝統的な家族関係は非常に強く結ばれており、相互の交流はすこぶる濃密です。

このような血族を中心とする人々のつながりの輪は、韓国語で「ウリ」と呼ばれています。すなわち血縁関係を重んじる風習がある。日本にも田舎に帰ると、この関係が強いことを体験するでしょう。ただ最近では、血族を核にしながらも、その垣根が低くなって密接な関係を持つ仲の良い人々の集まりをも指すようになってきました。その関係性は、日本の親しい友達や親戚の関係とは比較にならないほど親密度が濃い。極端に表現すると、「ウリ」仲間は特殊な関係にある同族と同じで、何につけ互いに物理的・精神的な支えとなり、離れられない関係になります。

例えば、ある「ウリ」仲間の数人が集まって、同じ仲間を呼び寄せようと連絡を入れれば、その人はよほどの事情がない限り、万障繰り合わせて駆けつけます。

「ウリ」ということばには、これほど強い「絆と情実性」を含んでいます。日本人も韓国のある「ウリ」に入ると、韓国に行った場合には、その「ウリ」の人たちが直ちに駆けつけて歓待してくれます。ところが、韓国の人が日本人を尋ねてきて、同様の歓迎をしてくれると期待しても、日本にはそのような「ウリ」がないので行き違いが生ずることになります。「ウリ」と認識すれば、迷惑をかけても問題ではなく、互いに全く気を遣わないで済む集団でもあるのです。

「ウリ」の枠から外れた人を「ナム（他人）」と呼びます。つまり、どうでもよい人という意識があります。在日コリアンも、韓国人からすればあくまでも「ナム」となるかもしれません。

「ウリ」の関係の人には非常に気を遣う反面、「ナム」の関係にある人には全く気を使わず気楽な関係をもつ。韓国に行くと街の中で人々がよく怒鳴りあう場面を見かけるが、それは「ナム」の関係ならば気楽にものを言うことができる表れです。また韓国人が「ウリ・ナム」といった場合は、外国である日本は「ナム」の関係になるので、極端な話、日本に対して関係性が薄く、真剣に考える必要もなく、何でも気楽に言うことができます。日本人は、「他人に笑われる」などというように他人（ナム）を気にする民族です。ところが、日韓が真の友好関係を築く上では、ともにその国の文化や社会が築かれる基底となるもの（「ウリ」と「ナム」のような）を理解しながら付き合っていくことが重要だと思います。

日韓双方の社会は、共に、従来の儒教を基盤とする家父長的・男性中心的な価値観影響をうけてきた人間関係、精神構造への批判や変化が起こりつつあると思います。一方、日本は形式上も、精神構造的にも家庭崩壊が進んでいるのが現実かもしれませんが……。

⑥ 食文化としての「キムチ」

人類は農耕生活を始め穀物が主食になるにつれて、栄養のバランスのため、ビタミンとミネラルの豊富な野菜を食べるようになりました。そして、野菜の生産が難しかった寒い冬にも食べられるように塩漬けという貯蔵方法が自然発生的に開発されました。朝鮮半島ではすでに七世紀から塩漬けとして「キムチ」の歴史が始まっています。

「唐辛子を使ったキムチの誕生」初期のキムチは単純に野菜の塩漬けに過ぎま

せんでしたが、十二世紀頃からは、各種の香辛菜類が加わって独特のキムチの味を出すようになり、十六世紀に朝鮮に伝来した唐辛子が、十八世紀頃からはキムチ作りに本格的に使われるようになりました。特に、十九世紀にはキムジャンキムチ(冬場のキムチ)作りに適した結球白菜の栽培が普及して、現在の典型的な韓国キムチの姿を整えるようになりました。

キムチという言葉の由来は？　キムチという言葉の起源は、「野菜の塩漬け」を意味する「沈菜(チムチェ)」が長い年月が経つ内に、沈菜(チムチェ)↓ヂムチェ↓キムチェ↓キムチの形に変わりながら、「キムチ」として定着したと言われています。

なぜ朝鮮半島でキムチが発達したのでしょうか？　世界的には野菜を利用する発酵食品の例はあまり多くありません。朝鮮半島でキムチとして発酵食品が発達したのは、農耕中心の昔の韓国人が、野菜を好んで食べていたことや、水産物の塩漬け技術にも優れていたので、それが薬味として幅広く用いられていたこと、特にキムチ作り用の結球白菜が広く普及・栽培されるようになったことなどが挙げられます。

「なぜ韓国人はパスタにピクルスがついてこないと興奮するのか？」が気になっ

て、夜も眠れなかった方が、今度は「なぜ韓国人はカレーにキムチを食べるのか?なぜ韓国人はさつまいもと共にキムチを食べるのか?」という質問がみられました。言われてみると、私も家でカレーやさつまいもを食べる時、福神漬けやお茶の代わりにキムチを食べています。生まれてこのかた、さつまいもと共にキムチを食べることを一度もおかしなことだと考えたことがなかったのですが、韓国文化を知る上で、どの料理にも欠かせないキムチが朝鮮半島を代表する食べ物である理由について知ることは大切であると思います。

アメリカの健康専門誌「ヘルス」は、日本の大豆食品、インドのレンズ豆、スペインのオリーブ油、ギリシャのヨーグルトと共に韓国のキムチを世界五大健康食品のひとつに選定しました。ビタミン等が豊富で、健康によいとされるバクテリア乳酸菌が多く、消化を助けてくれ、抗がん効果にすぐれた食品とビタミンA・B・Cが豊富に含まれているキムチは今や世界でも広く好まれる食べ物となっています。キムチはどんな食べ物と食べてもよく合います。韓国の食べ物だけではなく、中華、欧米各国料理、そして日本の食べ物ともよく合います。キムチが他の国の食べ物ともよく合うのは、発酵食品だからです。生ものと火を通したものの中間に位置する発酵食品なので、生のものとも、火を通したものともよく合うのです。また、キムチは個体と液体の両面性を兼ね備えています。キムチには他の国の野菜を使った食べ物とは違って汁があり、その汁があって初めて本来の味わいがでます。

韓国キムチのすぐれた味は、多種多様な合わせ調味料の調和の中から生まれています。キムチに使われる主材料である白菜や大根をはじめとし、ネギ、にんにく、しょうが、とうがらし、塩辛等、各種の調味料が渾然一体となり、植物性食品と動物性食品の絶妙な配合が味の深みを増してくれるからです。互いに違う機能をもった材料が発酵する過程の中で、乳酸菌が活性化物質を出し、複合的に作用するよう助けます。キムチの色は他の野菜でつくる食べ物よりも美しい。キムチの主材料となる白菜には、すでに白い茎と緑の葉っぱ、そして黄色の三つの色がまんべんなく入っています。この白菜の色がとうがらしの赤とよく合って味覚と食欲をかきたてています。ここにカラシ菜や岩茸のような黒っぽい色が加わると、五つの色彩が美しい調和をなします。このようなキムチが発酵すると、味も一つではなく、辛み、酸っぱさ、甘さ、そしてしょっぱさ、苦みの五つの味わいがでます。キムチに見る五つの色は、宇宙を象徴する「五方色」と深い関連があります。陰陽五行説で青は東、赤は南、黄色は中央、白は西、黒は北を象徴しています。キムチはこのような五行の五つの色と五つの味をもつ韓国の代表的なオリジナルフードだと思います。

キムチが韓国を代表する食べ物である理由は、このようにキムチの味や色、外見の中に韓国人固有の文化と精神が込められているからだと言えるでしょう。キムチの話になると、韓国人の方々との話題に尽きることはないと思います。韓国人とのカウンセリングで話題が見当たらない場合、キムチの話をするとお互い親近感が生まれます。また私も、ほぼ毎日、キムチを食べるほど、キムチファンです。

⑦　涙と未練

二〇一四年四月十六日、韓国の大型旅客船「セウォル号」が全羅南道珍島郡の観梅島沖海上で転覆・沈没しました。この時、ニュースで悲惨な状況が日本のテレビでも報道されました。乗員および乗客を含めて、死者は二九九名。高校生が多く乗船していたそうです。岸辺で子供を失った母親が、手で地面を叩きつけながら、「アイゴ、アイゴ、アイゴ」と叫び、子を失った辛さ、悲しみ、怒りなどの複雑な心境を全身で表現されていた姿は今も忘れません。この事件から、私は韓国の方々の悲しみの表現を垣間見た気になりました。

前項でも述べたように、母親は子どものために、働く。労働時間、労働量の多少あるいは長短にはこだわらない。打算がない。徹夜しても働く、一生、腰が曲がるほど働いても、不平不満がない。母子の結束が強い民族であることを学びました。韓国人はよく泣かれると聞いていましたが（日本人も同様だと思いますが……）、泣くことは非道徳的でなく、人間的欠陥でもない。弱者として生きていく条件でもあるでしょう。泣いてしまうと、すっきりと気が晴れるカタルシス効果もあります。自分の子を失った悲しみの体験は、日本人も同様だと思いますが、その気持ちをこれほどまでも、自然に思うがままに表現できる国は類をみません。

さらに、忘れられない未練でも時間が経てば経つほど薄れ、消失してしまうのが一般的ですが、欧米人のそれは薄められる速度、消失する速度が速いように思います。欧米人は早く消失するのが美徳なのかもしれません。一方、韓国人のそれは遅い。韓国人では、遅く、長く時間がかかる方が美徳だとされています。私も、両親や親しい友人を失った体験がいくつかありますが、未だに忘れられないですね。どちらかと言えば、私は韓国人の生き方に近い気がします。未練はきれいさっぱりと忘れることができない。未だに、中学校で振られた女性のことが忘れられません。韓国では、まさに白黒の論理ではなく、灰色の論理なのです。去り行く人を見送ってきれいに忘れられたら、韓国における有名な歌である「アリラン」や「カシリ」の情緒は形成されないと感じています。

⑧ 理と気について

韓国では、「理」の空間では、きっちりと礼儀を保つ。「気」の空間では、人なつっこく振る舞う。理と気をうまく使いこなすことが、韓国の人間関係では不可欠であると言われています。この対人関係の在り方は小倉紀蔵氏が「韓国人のしくみ・理と気で読み解く文化と社会」（講談社新書・二〇〇一年）の中で症例を交えながら、詳細に記載されています。

儒教は古臭い形式主義というイメージがありますが、小倉氏はこうした理解が誤りだと論じています。儒教は、何よりも道徳を志向する若々しい思想であり、韓国人はみずから「理」があるということを公に訴えようとします。一方で、こうした「理」の世界の外に、情緒的な「気」の世界が広がっており、この二つのフェーズを理解しなければ、韓国人のメンタリティをつかむことができないと論じています。日本人の「表と裏」や「本音と建て前」では、真実性の度合いにおいて違いがあるように思われますが、韓国人にとっては、どちらも同じくらい真実であるようです。

⑨ 受け身と攻撃

対人関係の在り方として、日本人は、いかに相手とぶつからないで自分も相手も傷つかないようにするかを考えるあまり、本当のぶつかり合いがみられないように思います。本気でぶつかり合った場合、それは決別を意味するかもしれません。「ぶつかる」という関係に慣れていない民族なのかもしれません。この問題については、大崎正瑠著「韓国人とつきあう法」（ちくま書房、一九九八年）に詳しく記載されています。

一方、一般に韓国人は、儒教的世界が強く支配する場合を除き、いつ相手と「ぶつかり合う」ことになってもいいという前提で、自由奔放で、感情を発散し、はっきりと、自己主張をしながらコミュニケーションを行う傾向があるようです。したがって、日韓対人コミュニケーションにおいては、日本人は受け身になりがちで、韓国人は攻撃的になりがちということになるでしょう。しかし、韓国人は、自分をさらけ出し相手とぶつかり合うことにより、相手の本音を確認できると考えるようです。このとき日本人は、韓国人とのコミュニケーションに対して逃げるべきではなく、日本人が逃げようとすると、韓国人ははぐらかされた気がするようです。本音を聞きたいために、ますます攻撃的になり、悪循環として、日本人はますます後退りすることになります。しかし、この「ぶつかりあい」こそが、日本人と韓国人のコミュニケーションの在り方として、最も大切ではないかと感じています。（詳細は、前述の大崎正瑠氏の著書を参照されてください）

⑩　敬語について

韓国では、いかなる状況にあろうとも、目上の方には、常に敬語を使わなければなりません。例えば、外部からの電話の相手にも、「お父様は、今いらっしゃいません」とか「社長様は明日貴社へいらっしゃるとおしゃいました」とか「部長様は、あなたにお会いになりたいとおっしゃっておられます」という言い方をしなければなりません。韓国の敬語は、絶対敬語と言われています。その背景には、韓国人は常に序列を意識した上下関係のコミュニケーションがあるからです。上下関係では日本以上に水平的コミュニケーションは難しいと思われます。

韓国語は日本語と同じように敬語体系を持つ、世界でもごく少数の言語の一つです。日本語と韓国語の敬語には興味深い違いもあります。両言語の敬語の違いとして指摘できることの一つは、いわゆる「相対敬語」か「絶対敬語」かの違いです。つまり、韓国語では、目上の者（上司や父親）のことを話題にするときは話し相手が誰であろうと上位者として待遇するわけです（絶対敬語）。

それに対して、日本語では、電話をかけてきた取引先の人物に対して社員は次のように答えます。「部長の佐藤は、ただ今席をはずしております」日本語では、たとえ上司のことであってもソトの人に話すときは、「おります」と謙譲語を使って低めた扱いをします（相対敬語）。

この「相対敬語」か「絶対敬語」かの違いは、敬語を使用する上で「相手（二人称）」の存在に対してどれだけのウエイトを置くかの違いといえます。話す「相手」が誰であれ目上の人を話題にする時には上位待遇をするのが絶対敬語の韓国語。たとえ目上であっても、話す「相手」によっては低めた扱いをするのが相対敬語の日本語です。つまり、日本語においては「相手」が敬語選択の上で重要な位置を占めているわけです。このことは、日本人にとっての「相手」の存在の大きさを示す現象の一つとして注目されます。

もう一つ、日本語の敬語と韓国語の敬語とを比べて注目されるのは、敬語の選択に占める「年齢」の問題です。日本語においても年齢は敬語選択の重要な条件の一つになっていますが、韓国語と比べた場合、興味深い違いが浮かび上がります。それは、「年齢」と「集団への参入年次」が食い違った場合、そのどちらが優先されるのかの問題です。

一般に大学では浪人等によって同一の学年にも年齢差が見られます。この点は日韓に変わりはありません。しかし、日本の大学生の間では、通常「学年」という組織内序列が「年齢」という個人的属性を抑え、敬語使用の条件として優先的に働いているわけです。一方、韓国では年齢が重視され、同学年であっても年上の者には丁寧な表現を使わなくてはならないといわれています。さらに、本学で学ぶ複数の韓国人留学生に確認したところ、学年が後輩であっても一歳でも年上ならば丁寧な表現が使われるそうです。キャンパス内において年齢という個人的な属性は無視され、集団への参入年次が敬語選択の条件として優先的に採用される日本と、集団の中でも参入年次以上に年齢という個人的な属性が重要視される韓国。この日韓の違いは、日本人にとっての「集団」の存在の大きさを物語っているように思われます。

以上、日本人からみた朝鮮半島にルーツを持つ人に抱く印象を大きく十項目に分類して、列記いたしました。この項目は、あくまで、朝鮮・韓国人の方の考え方や習慣のほんの一部に過ぎません。また、表面的な理解に過ぎないかもしれませんので、次の章で、さらに三名の方々に、日本における生活を通じて、日本人とどのように生活や文化・物の考え方が異なるのか、詳細に語ってもらいましょう。

最後に、日本人とコリアンと一緒になって、対談を行いたいと思います。

（佐藤　武）

参考書

・李　圭泰（尹淑姫・岡田聡訳）「韓国人の情緒構造」、新潮選書、一九九五年。
・小倉紀蔵「韓国人のしくみ　理と気で読み解く文化と社会」、講談社現代新書、二〇〇一年。
・大崎正瑠「韓国人とつきあう法」、ちくま新書、一九九八年。

第2章

中朝バイリンガルから、日本で「地球人」になる

（李　娜）

あなたは何人ですか？

日本で生まれ、日本で育てられたあなたはこのような質問を聞いたことがありますか。単一民族国家ともされる日本では、自分が何人なのかについてあまり考えたことがないのではないかと思います。当たり前に「日本人」だと考えているでしょう。

私は「何人ですか」と聞かれると、いつも「私は中国の朝鮮族です（私は中国のコリアンです・「I'm Korean-Chinese」と答えてきました。このように答えながらも、たまに自分で自分が何人なのか葛藤する時もありましたが、少なくとも日本に来たばかりの五年前まではこのように答えてきました。しかし、七年近く留学の生活を送る間に考え方が少しずつ変わってきました。

みなさんはどうでしょうか？よく見て、よく聞いて、よく調べると、人間は同じように見えてもすべて少しずつ異なります。超グローバル化している時代、今後はさらに多くの国から多くの人が日本に来るでしょう。国境を越えて様々なルーツを持つ人々が共存している世界の中で、日本も「単一民族」という言葉が通じない社会になっていきますよね。多様な具材が混ざって栄養も豊富で色味も華やかなビビンバのように、世界の人々はいろいろなところで一つになっていきます。

多彩多様なコリア

Kポップや韓流ドラマの影響によって「コリア」というと韓国を最初に思い出すと思いますが、あなたは知っていますか?

コリアの中には様々なコリアンがいます。つまり、韓国だけではなく、いろんな国に散らばってコリアにルーツを持って過ごしているコリアの人々がいます。冒頭にも言ったように私はコリアンですが、韓国の出身ではなく中国少数民族の朝鮮族です。日本人にとっては珍しい存在かもしれないですね。中国の国籍を持っている中国人でもありますが、コリアンでもあります。もう少し詳しく言うと、朝鮮半島にルーツを持っている中国人でもありながら、中国のコリアンとも認識しています。

今回は、国籍は異なりますが、同じルーツを持っている中国のコリアン、日本で七年近く留学した人として、来日の前と後の日本に対するイメージをみなさんに伝えたいと思います。

私がこの本を書きたくなった理由は、私自身が普通の人より複数の言語と文化に接してきたからです。それは、私の父親が二〇〇〇年ごろ、日本で五年間留学した経験もあったので、私は小学校の時から日本の文化と自然に接するようになりました。今思い出すと、その際の日本はすごく発達した国でしたので、毎度父親が日本の文房具やおもちゃ、お土産を持って来ると、周りの人たちはいつも羨望の眼差しで見ていました。父親だけではなく叔母さんも日本に留学し、日本人と結婚して三〇年近く日本で生活しています。私が幼い頃に、毎年父親と叔母さんが国に戻ってきて、お互いに日本語で会話するのを聞くと意味はわからなかったですが、すごく美しい言語だと感じていました。私の場合は最初から日本に良いイメージばかりでした。

しかし、現在と異なって年配者の多くの人々は、日本に良いイメージを持っていなかったのです。それは、歴史的な要因や、メディアで戦争の映画やドラマが多く放送されたことなどの要因があったと思います。そのような要因だけで、国・人を判断できるのかと疑問を持ちながら日本語教育を受けた祖父母、両親が日本にどのようなイメージを持っているのかを聞かせてもらいました。

まず、昔の人々の話から始めて、その後、私の体験談を述べたいと思います。

祖父の話

祖父はもうこの世の人ではありません。私が日本に留学してから二年後に亡くなりました。祖父の話を直接聞くことはできない現実が悲しくて残念ですが、祖父が昔話のようによく話してくれたことを思い出しながら述べたいと思います。

祖父の子供時代は、抗日戦争（一九三七年―一九四五年）映画を観る大人が多くいました。祖父の子供時代の心の中では、日本人は醜い、燃やして殺したいほどの「悪人」というイメージがかなり強かったそうです。祖父の友人たちも「日本人は侵略者、ファシスト、反動派」と言い、とても憎しみがあって、日本人を「小日本」と呼び、祖父たちをいじめるために中国に駆け寄ったと判断していたようです。

このようなイメージを持ちながらも、中国の改革開放以降に少しずつ大きくなった祖父の中学時代では、特に八〇年代の日本は科学技術、経済、電子機器、テレビ、テープレコーダー、カメラ、自動車などが非常に発展した国であることに気づいて、崇拝する気持ちが大きくなったそうです。

　このように、昔の人たちはほとんど日本に良くないイメージを持ちながらも、日本語教育を受けた祖父はこの世を離れる前まで、日本語で「私は琿春人《こんしゅんじん》です」と自慢していました。今考えてみると、日本語も祖父の一部分だったかもしれないですね。

父の話

　父が中学生だった時期の学校教育では、国語以外に外国語も導入されていて英語が一番人気がありましたが、日本語教育を行う学校もありました。父の趣味はラジオをよく聞くことでしたが、ラジオは祖父が父のために買ったもので、ニュースや小説を聞く時によく使用しました。農閑期になると夕方には、多くのおじいちゃんが来て祖父と一緒にタバコを吸いながらラジオを聞く場面は、活気があって温かったそうです。田舎の一般家庭にはラジオがなかったので、当時のラジオは高級電気製品でした。父はラジオを自慢たらしくニュースや歌などを聞いていたようです。やがて、中国の省や局から「日本語放送講座」の放送が始まると、徐々に複数のラジオ放送局が続々と放送を開始したようです。日本語の発音と文法は朝鮮語と類似点が多くあって、父の日本に対する好奇心を刺激し、自然に日本語のラジオ講座が好きになり、ラジオを通じて日本語を正式に学び始めたことを話しました。高校時代は日本語の授業があって、父の日本語能力の向上はより速く包括的に上手になったそうです。

父はこのような日本語学習を通して、日本文化は中国文化と切り離せないものであることを知り、日本語に大いに好奇心をそそられて、いつの間にか日本という民族、日本社会を知りたいという気持ちが生まれてきたと話しました。

一九九〇年代には、中国社会の改革開放が深まれるにつれ、多くの人々は沿海都市や、海外に行く傾向が高まりました。父の夢は日本を訪れることでした。海外に行くのが簡単ではなかった当時に、父は様々な努力を通じて九〇年代後半に名古屋への留学をかなえました。父の印象では、日本人は「バカ」ばかり話す人だったようです。しかし、実際に日本に来て日本人と接した後、学校や他の場所では、日本人は礼儀正しく、親切で、大声で騒がない、街の通りや田舎もきれいで整然としていたようです。日本について大まかな理解を得た後、父の心は混乱しました。非常に高い文明的な資質を持っている日本人が、なぜ近隣諸国の人々を傷つけるために侵略し、攻撃することができたのだろうかと疑問に思ったようです。当時の日本は「天皇独裁」を実践する国であり、臣民は天皇の意志に従属することは間違いなく、日本の少数の軍国主義者が天皇の名のもとに侵略戦争を繰り広げるのは、天皇に忠誠を誓う臣民にあっては差し支えなかったのでしょう。実のところ、日本国民も日本の軍国主義の犠牲者であるので、悲しいことですね。

実際に日本に留学し日本人と接した父親は、日本国民は勤勉で、知恵があり、文明化された人々であると考えていました。

以上、昔の人の日本に対するイメージです。みなさん、発見できましたか?昔の人でも、直接その国の人と関わっている人と関わっていない人は違います。

私の話・・中国の中にある「コリア」

私は大学に進学する前まで、九〇%以上を朝鮮語で過ごしていました。家庭でも、学校でも、外でも朝鮮語が中心である生活でした。中国の朝鮮族が最も多く住んでいる延辺朝鮮族自治州という地域があって、中国の中にある小さなコリアとも言えます。中国の朝鮮族は朝鮮半島で単一民族として形成された後、様々な原因で自らの言語と文化、民族アイデンティティを背負って中国へ移民してきた人々です。

改革開放後の延辺朝鮮族自治州は、行ってみないとわからないほど韓国そのままだと言っても過言ではありません。

幼稚園から高校まで民族学校に通った私は、初めて延辺を離れた大学で朝鮮族以外の多様な他民族の文化風習を体験できるようになりました。一番印象的だったのは、私が延辺では主に朝鮮族と漢族（他の少数民族もいたでしょうが）という二つの文化共同体に置かれていたのに対して、実はモンゴル族、ウイグル族、回族等、その他にも聞いたことのない珍しい少数民族の友人たちと一緒に交わることができました。五十五の少数民族があるのは知っていましたが、大学は多文化共同体を実現していた場所でした。それが自分の一八歳までの人生で初めて、深く自分のアイデンティティについて考えたきっかけでした。

二〇一七年~二〇二二年、五年間をかけた日本での研究生活

進学の準備も今思い出したら本当に大変でしたが、運よく九州に来ることができました。みんな忙しく生活していた東京からきたのか、自分も知らないうちに疲れていたのか、九州に来た瞬間ほっとする気持ちがありました。東京にいた一年間は日本人と深く接する時間があまりなかったのです。九州に来て先生方とゼミの人たちと接しながら、「コリアン」のアイデンティティが強かった私は「日本人」「コリアン」「中国人」など「~人」に対する考え方が徐々に薄くなってきました。

修士論文と博士論文のテーマと研究内容の計画を立てるまでかなり時間がかかりましたが、私にしかできない研究は何かを考えた時に、「朝鮮族」を思いつき

ました。自分が朝鮮族なのに、研究のために「朝鮮族」を知り始め、私がどれほど朝鮮族について知識がなかったのかを悟るようになりました。「朝鮮族とは何か?」は「私は誰か?」とほぼ同等の重さで内面の戦いのテーマに掲げられました。そして、その時まで私は自分と朝鮮族をほとんど区分することができていなかったのです。ところが、モンゴル族など他民族の先行研究をみて、私と同じような問題が彼らにもあるということを発見できました。むしろここで独特な事例は漢族でした。漢族は、日本人と同じように「民族」という身分にこだわらないようです。自分のアイデンティティに葛藤した時期の私は、それがとても不思議で、かつ、うらやましく感じました。

「では、民族とは何か?」なぜある人はそれに縛られ、ある人はそうしなくてもいいのでしょうか? これが人間に欠かせないものでなければ、朝鮮族のような共同体は作られなかったのではないでしょうか。普通、人々は自分が住んでいた環境から抜け出したからこそ、自分自身が属していた共同体をより客観的に眺めることができると思います。民族学校を離れた時には、自分が朝鮮族であることを深く考えるようになりました。日本に来てからは「何人ですか?」という質問に「中国の朝鮮族」と答えると、知らない人がほとんどでしたので、いつの間にか「中国人です」と答えるようになりました。朝鮮族ではないということではなく、私にとって「何人」というのがそれほど意味をもたなくなったということです。でも、「コリアン」である自分はラッキー。もし、私が朝鮮族として生まれていなかったら、少数民族という概念に対してあまり関心を持たなかったでしょう。私が朝鮮族として生まれていなかったら、日本に来て勉強している間、朝鮮族の歴史などについて知ろうともしなかったでしょう。私が朝鮮族として生まれていなかったら、共同体に対する思索を避けたかもしれません。私が朝鮮族として生まれていなかったら、朝鮮族に対して如何なる試みも、沈黙の反応も見せなかったでしょう。私が朝鮮族として生まれていなかったら、この世界と交わる方法をそれほど早く身につけることはできなかったでしょう。私が朝鮮族として生まれていなかったら、自分の生意気なうぬぼれと過度な謙遜をはっきりと見つめる能力を失いつつあったかもしれません。私が朝鮮族として生まれていなかったら、中国の歴史と文化に対して骨身の痛みを感じなかったでしょうし、北朝鮮と韓国に対する帰属感も生まれなかったでしょう。たとえ私が朝鮮族として生まれていなかったら、ナショナリズムの危険性と必然性にそれほど敏感ではなかったかもしれないし、堅固な集団認識の中で捉えられたのかもしれません。

来日後のイメージとエピソード（二〇一五年東京での日本の初生活）

父が留学した時とは違いました。父が日本に来た当初は外国人がそこまでいなかったし、デジタル技術なども発達していなかったので、家族と連絡できるのも一か月に一回ぐらいでした。しかし、私が来た頃は何でも便利になった時期でしたので、外国に来た感じがあまりしませんでした。日本は一番きれいな国と言われていますが、来てみたら、やはり日本はどこもきれいでした。ホテルは小さいものの、中は何でも整備されていて、何よりもきれいなことで安心して過ごせました。もっと驚いたのは、電車のトイレまできれいだったことで、それまで見たことがありませんでした。

大都市であれば、どこでも出勤時間帯は電車やバスに乗る人が想像以上に多いですが、日本ではみんなきちんと来た順番で並んでいました。電車が来ても先に人が降りるまで待っていて、一人ずつ乗るのを見て、もう一度驚きました。中国にいる時は、人がまだ降りていないのに、戦争するみたいにお互いに先に乗ろうとします。それで、電車に乗るときに喧嘩する人も少なくないですね。でも、日本では人がどんなに多くても静かすぎて、どうやって習慣化してきたのだろうと、礼儀正しい日本人を不思議に思いました。それが、日本に来て初めて感じたことですね。

コンビニでアルバイトの話

日本語の能力を上げるために、話す頻度が高いアルバイトをしたほうがいいと思って、人生初めてのアルバイトをコンビニで経験しました。店長はやさしい夫婦でしたし、一緒に働いた人の半分は留学生、半分が日本人でした。当時二十三歳だった私にたいして、日本人の中には高校生も、入学したばかりの大学生もいました。みんな仕事の習得が早かったし、それまでアルバイトの経験がなかった自分が恥ずかしかったです。

学校に通いながらコンビニで働くのは大変なことも色々ありましたが、日本人の友達もそこで初めてできたので、私にとってはすごく思い出がある初バイトで

す。アルバイト先の日本人の友達と一緒にご飯を食べに行った時、味噌汁もあったので私は店員にスプーンを頼みました。そして、寒い時期でしたのでお湯も頼みました。その行動に日本人の友達が驚いた目線で見て、大笑いしました。何が面白いのかわからなくて、「どうした」と聞いたら、友達が「スプーンはどこに使うの？お湯はないよ」「味噌汁は箸で食べるよ。日本人はお冷やしか飲まないよ」と話して、今回は私が驚きました。韓国にも日本と似たような味噌汁であるテンジャン（된장）があります。韓国ドラマをよく見る人はわかると思いますが、みんなスプーンで食べています。そして、中国ではお湯は体にやさしいという伝統的な考えがあり、本当に暑い日以外はほとんどお湯か常温の水を飲みます。そけっこう寒かった時期でしたので、お冷やを飲む日本人は逆に不思議でした。そしてある日、海外が好きな日本人の友達に「中国に行ったことある？」と聞いたら「ないよ」との返事。「今後行ってみて、面白いよ」と話したら、「いやいや、怖い」と答えました。何が怖いのかわからなかったので、聞いてみたら、ニュースで怖い内容ばかりが放送されていて、「怖いイメージしかない」と話しました。今まで、自由で幸せに育てられた私にとってショックな話でした。初めて日本人と接して、話した時は違う面だらけでした。

エナジーチョコレート

二〇一六年七月ごろだったか、修士課程に進学するために研究計画書を印刷しにコンビニに行きました。その日は、印刷する人が意外と多かったですね。私はあまり急いでいなかったのですが、並んでいる中のあるおばさんが少し焦っている気がしました。それでそのおばさんに「お先にどうぞ、大丈夫ですよ」と言ったら、「本当にいいですか？ ありがとうございます」と言って先に印刷しました。印刷してから私に「留学生ですか？ 勉強しに日本に来ましたか？」と聞いてくれました。私は「はい、そうです。今進学のために研究計画書を印刷しに来ましたが、自信がないです（笑）」と言ったら、「絶対うまくできます。頑張ってくださいね」と温かい言葉をくれました。私も印刷して帰ろうしたらそのおばさんが待ってくれて、チョコレートを私に渡しながら「大変だと思いますが、これ食べて頑張ってね！」と話しました。

初めて会った留学生がかわいそうだったのか、日本に来たばかりの私にとってはものすごく力になるチョコレートでした。やさしい日本人をさらに実感できた日でした。

聞いてみた「日本人のイメージ」

国ごとに人々が持っている特徴や雰囲気は違いますが、私が体験した日本人の特徴について話してみます。文化的にどのような違いがあり、なぜこのような行動をするのかが分かると、面白い情報になるのではないかと思います。

日本語を学ぶ前に、まず日本人の習性について理解したほうが良いと聞いたことがあります。私も当然そうしたほうがいいと思い、日本に来る前に日本人についていろいろ調べてみました。実際に日本人と接したことがない大衆が考えているイメージは、日本人はいつも笑顔と親切さを持っていることでした。また、日本人が最も恐れるのは他人に嫌われることだと聞いたことがあります。私もけっこう人に嫌われるのが怖いですが……。また、自分に任された業務を全て完璧に処理しようとする「責任感のある人」という評価を大事にする、完璧主義性向を帯び、頑張ろうとしている人も多いみたいです。本当かどうかよくわからないですが、私が聞いた日本人に対するイメージを並べてみます。

一人が好き・一人遊び好き

日本の会社生活は外国のそれとは違います。私的なことは許されないようです。職場で雑談をしたり、口ずさみながら歌を歌ったり、携帯電話のベルが鳴ったりするなど、すべての私的なことは通常は起きないことです。朝九時から夕方七～八時までの一週間で五日間、すべての私的な仕事を排除しながら職場で上司、同僚、部下、取引先のお客さまを相手にすれば、プライベートな時間は、昼休みか退勤後の時間になります。また、海外出張に行く時、それぞれ座席を割り当ててもらうことを望むようです。私が日本で最初にバスに乗った時も、二人が座れる席だったのに、みんな二人席に一人ずつ座っていて、空いている席に座らないまま立っている人がほとんどでした。不思議でしたが、七年近く住んでいる私も、いつの間にかこのようになっています。それは心の距離だけではなく、物理的な距離も置くことが楽なのでしょうか。一人でご飯を食べて、一人でショッピングし、一人で映画、音楽鑑賞、読書の好きな人が多いです。私も、私の周辺の日本にいない人たちも一人遊びが好きな人が多くいます。

近づかないでください

日本で友達をつくるのは簡単ではないと聞きました。全く知らない人が自分に近づいてくると、この人はなぜこうなのかをまず考えます。ただ、枠内で構成員の紹介に入ると、少し信頼感があります。誰かの紹介で通じるとまた違います。それほど信頼関係を大事にするということでしょうか。ビジネスもそうみたいですが、信頼を土台にした社会だからですかね。

そして、初めて会った人に電話番号を聞くと変に思われます。友達の家に遊びに行っても、冷蔵庫を勝手に開けたり、シャワーを浴びたりすると、失礼な行動だと聞きました。私も同じような経験がありました。ある日、日本人の友達が私の家に遊びに来た時のことでした。それまでそういう質問を聞いたことがない私にとって「なぜ、こういうことも聞くの？　友達なのに、私を友達だと思っていないのか？」などと考えすぎてしまいました。それは確かに、私も最初はびっくりしました。日本に来るまでは、普通に親しい関係であれば、勝手に友人の家のものを使ったりしていました。

プライバシーを大事にする

日本人に個人のプライバシーについて聞くと変な人だと思われます。親しい友達でも絶対に問わないようです。特に金銭に関する質問はタブーです。そして、年俸も互いに分からないです。「家は賃貸ですか？」「車は自家用車ですか？」等の質問もしてはいけないと聞きました。

いくら親しくても、お金の取り引きはしないです。お金を借りることもないですが、もし借りた後、忘れて適時に返さなければ駄目な人になります。また、友達がトイレに行っている間に、友達の携帯電話が鳴っても絶対に受けてはいけません。それは、私生活だからだと聞きました。日本人より保守的ではないかもしれないですが、韓国も中国もプライバシーを大事にする人が多いです。

大丈夫という言葉の本当の意味は「ノー」

日本人は「家族には厳しく、他人には優しく」と教育を受けています。「他人に迷惑をかけるな」「ご飯を食べる時に音を出してはならない」「レストランで走り回ってはいけない」などの教育を受けるようです。日本人は自分が言いたい意見をあまり出さないので、相手が何を考えているのかよく把握しなければなりません。これも人によると思いますが。日本では深い関係の友達ができないかもしれないと思っていましたが、実はできていますし、自分の意見をあまり言わないと聞いていましたが、想像以上にはっきりと考えを話す人も多いようです。

謙遜

日本では自分を低めることを美徳だと思われています。「私はこの仕事をうまくやり遂げられるか分かりません」とよく言います。たとえ自信があっても、他人にそんなことを見せることを嫌がります。この過程で日本人というイメージは小心に映ります。謙遜のもう一つの理由は、仕事がうまくいくのかという不安心理もあるからだと言います。謙遜する人もいれば、全然謙遜しない人もいます。それも、人によるのではないでしょうか。偏見は本当に良くないものです（重要）。

接して見た「日本人」

様々な日本人。暖かい人もいれば、冷たい人もいます。距離感がある人もいれば、距離感ない人もいます。同じ日本人でも、コリアンみたい・中国人みたい・東南アジア人みたいな多様な日本人がいます。

日本人らしくなっている外国人

私の周りには、色々な人たちがいます。変化する人もいれば、変化しない人もいます。日本国籍の人も含め、日本が好きで離れない人もいれば、日本に慣れなくて離れる人もいます。日本にいると日本人なのでしょうか。日本を離れると日本人ではなくなるのでしょうか。コリアに同じルーツを持っているコリアンたちが日本にいるように、日本、そして全世界の人たちはそれぞれのルーツを持って、それぞれの立場で生活しているでしょう。

私たちのアイデンティティは、新しい環境に適応し続けて、形成されていきます。また、私たちは、一つの文化に属さないということだけでなく、多様の文化に交差しているということも大事なことです。世界的に多様な人たちが往復する中で、様々な国を渡り歩いてきた人々の強みを見極め活かすこと。つまり先入観や偏見を捨てることでしょう。

聞いてみた「コリアンのイメージ」

・好き嫌いの表現がはっきりしている
・愛国心が強い
・自分の意見をはっきり述べる
・心が強いようだ
・外見を非常に重視する
・整形することに抵抗がない
・社交性がある
・学歴社会であり、学歴に対する圧迫を常に受けている
・時間に厳しくない
・実は日本が好きな人が多い
・辛いものが好きだ

私たちは「地球人」

・日本人なのに、日本語で表現するのが難しい人
・日本人なのに、日本人を嫌いな人

・韓国人だから、日本語で表現するのが難しい人
・韓国人なのに、日本人嫌いな人
・国際的な交流が増えている現在、無論まだ「〜人」という特徴はあるが、それだけで人間を判断するのは限界がある
・ますます外国人が多くなる。人の個性や個人差が、本やメディアを通じてバーチャルな方法で接するのも良いが、直接話してみる、そこに行ってみることで、また違う何かが見えてくる
・一〇〇人一〇〇個の性格、性質があるみたいに、多様な人たちが地球で暮らしている。国際人
・一〇本の指は長さや短さが違うように、国ごとに、またその国の中の人々も色とりどりだ
・誰もが生まれた時から自由で尊厳で平等
・私たちは皆、人間という共通点を持っている。しかし、すべての人の外見と性格は異なる。このような人々が一緒に暮らさなければならないので、お互いに対する尊重と理解は必ず必要であり、必ず守らなければならない

アイデンティティというのは一つの言語だけではなく、多様な言語、多様な文化に結び付くようになっているのが、グローバル化している現在です。自国、または在住地域から移動はしていなくても、同じ地球で生活している『地球人』的感性を持っている私たちは、すべて『地球人』だと思います。

李　娜（九州大学比較社会文化研究院特別研究者）

第3章

国際結婚を通じて感じること―日韓相互理解のために―

（梁　正善）

日本文学を専攻し、副専攻として日本語教育を学んでいた学部留学生の頃は、大学の勉強よりも、週二〜三回通っていた百貨店でのアルバイトで日本の文化を学ぶことに夢中でした。私のアルバイトでの仕事は、韓国人観光客のお客様への通訳対応がメインでしたが、普段は、インフォメーションコーナーと商品券売り場に配置されていました。アルバイト先では、日本の慣習である、御礼（言葉や贈り物で感謝の気持ちを表現すること）、御祝い（結婚祝い、出産祝い、内祝いなど）、寸志（少しの気持ち、わずかの厚意、人に贈る品物や景品のことをへりくだって使う言葉）、お中元、お歳暮、香典返しなどについて、のしの結び方から始まり、のし袋や水引についての基本的な知識も学びました。学校では学べないリアルな日本事情をアルバイト先で学ぶことができて、とても嬉しく思っていました。日本独特の慣習を学ぶことにより、日本人の特徴や文化を理解することができたため、これは、私にとって宝物のような経験となりました。また、間違えやすい日本人の苗字についてもバイト先で、学べました。例えば、「東」という同じ苗字であっても、「ひがし」と読むのか、「あずま」と読むのかは、お客様によって異なります。バイト先ではサービス関連の用語や言葉遣い、マナーなども上司から丁寧に教えてもらいました。

また、デパートの決算が終わる時期になると、上司が自宅でのお食事会に招待して下さいました。そのお陰で、親睦を深めることができ、国籍や文化、言語を超えたお付き合いをさせて頂けたと思います。この方からは、現在も年賀状が届くなど、連絡を取り合っています。また、ご自分の結婚式にも招待して下さり、日本の結婚式にも参加できたことで、日本の文化を堪能することができました。さらには、私の結婚式にもその上司が出席して下さり、心から嬉しかったことを覚えています。アルバイトをしながら抱いていた日本のイメージは、「物」を頂いたら、必ず、あうんの呼吸で常識的な期限内に、頂いたもののお値段の三割から五割の品をお返しするというものでした。韓国人の視点から考えてみると、かなり疲れてしまう日本の「お返し文化」。韓国では「贈り物」をもらっても、すぐにはお返しをしません。文化人類学者の崔吉城(최길성)によると、韓国の贈答文化の特徴は以下のように定義されています。①目下・年下の者が目上・年上の人に一方的に行うので、「交換」の観念は弱い。②贈り物を受けた場合には時間的にかなりたってから、しかもまったく質を変えて返す。③そのために贈答が「わいろ」の意味に近くなることがある。④相手に贈り物をする場合には、「どうぞ」という言葉もなく、無言で置いておく。受ける方もそのことに関する特別な挨拶

はしないーと述べています。

しかし、日本では、「待ってました！」と言わんばかりに、猛スピードで贈り物や手紙を送り返してきます。実は、私は、こういった行為に少し戸惑いを覚えていました。贈り物をしたことが失礼に当たったのだろうか。だから、不快な気持ちを表すために、こんなに素速く返礼してくるのだろうかと思ったほどです。韓国では、すぐさまお返しをしたりせず、お礼は次に会ったときにでもと考える文化であるため、日本のお礼文化についていくのには、少々時間がかかったように思います。韓国では、お礼などをその都度伝えたり、返礼をしたりするのは、何だか水くさいと感じていました。それなので、長い人生のどこかの時点で、また別の形で返礼すれば良いと考えていました。しかし、日本の場合は、毎回の人間関係を「一期一会」と捉え、きちんとけじめをつけることを美徳としています。そのため、貸し借りの関係がいつまでも蓄積してゆくことに不快感を感じてしまう「潔癖」「水平」型だと考えることができます。私が韓国で慣れ親しんでいた「持ちつ持たれつの関係」を保つことを美徳とする「蓄積」「垂直」型の習慣が日本の文化とは異なりました。それなので、日本で生活するためには、日本の慣習を理解して、従うしかありませんでした。

もちろん、アルバイト先ではよいことばかりあった訳ではありません。私が日本語のネイティブではないため、お客さんからは、しばしば、「他の人に交代してくれ」というクレームが入りましたし、教科書や学校で習う日本語には限界があるということをバイト先の現場で痛感しました。けれども、何か問題が起こったときは、その都度、上司は留学生の私達を責めることなく、改善するように、丁寧に、指導して下さいました。デパートでの催し物の企画内容や店内の商品などについても詳しく教えて頂いたお陰で、各都道府県の特産品や工芸品のメーカー等を知ることができました。

学業の面では日本語能力試験の一級に合格し、すぐに日本の大学に編入したものの、当時はまだ、日本語でのコミュニケーションが十分に取れませんでした。毎日、難しい授業についていくのに必死だったと記憶しています。必要なコミュニケーションを日本語で取るだけで精一杯だったのですが、日本語で文学作品を読み、それを要約した上で、自分の感想まで書かなければならない課題もありました。そんな中での唯一の救いは、副専攻で学んでいた日本語教育の講義に出席していた日本人と韓国人のクラスメートと試験問題を解いたり、模擬授業をしたりしながら、皆で仲良く過ごすことでした。大学の友人の中には、なぜか社会人学生もいて、日本文学や英語を専門に学んでいた同期生からは、日本社会に関する色々な知識も教えてもらいました。それは、例えば、食事に誘われたとき、韓国の場合は、目上の人に（ご飯↓食事）に誘われると、目上の人にご馳走して頂くことが普通ですが、日本では、割り勘にしたり、合計金額の三分の一程度を部下が負担するという場合もあることをその時に知りました。日本人とコミュニケーションをとることによって、お互いの国の作法や文化について学ぶ機会が増えていきました。けれども、いつも皆と仲良く過ごせていたかと言えば、決して、そうではありませんでした。ある日、仲良くしていたはずの日本人の友達が私の悪口を言っているのを目のあたりにしたこともあり、これが日本人社会の「いじめ」かと残念に思いました。

　学校の先生は、留学生を家に招いて、日本の食事マナーや留学生活で私たちが経験した苦労について相談に乗って下さいました。今思えば、私たちの親代わりとなって、色々と心配して下さり、いつも温かく声をかけて下さったことは、本当に有難く思っています。

　大学院では言語教育研究科で日本語教育を専攻しましたが、ノンネイティブの私にとって、第二言語としての日本語教育を学ぶことは、実際のところ、ハードルが非常に高かったと思います。私は、少し欲張って、国語教育（中学校・高等学校の国語科教員免許取得を目的とする科目）まで履修して、必死に勉強しましたが、その壁を乗り越えるには相当な時間が必要でした。同時に、大学院の授業を受けながら、いくつかの文化センター内の韓国語教室で韓国語を教えていました。受講者は殆どが年配の方々で、韓国のドラマを観て、韓国の生活スタイルや価値観などが好きになり、国を何度も訪れているような大ファンの方が多かったように思います。つまり、韓国を愛してやまない方々の集まりでした。韓国人である私よりも韓国について非常に詳しくて、私の方が逆に受講者の皆さんから教えてもらうことも多々ありました。受講者の中には、かつて、心の病を患っていたものの、韓流ブームの元祖であるヨン様が出演している「冬のソナタ」を観て、癒されたという方もいました。私が、何故、ヨン様のことがそんなに好きなのですかと尋ねると、「ヨン様のすべてが好き！」「ヨン様は私のすべて」といった返事が返ってきたほどです。受講者の皆さんがヨン様のことを語る時の瞳は、今も忘れ難いほどです。まるで、ヨン様に「救われました」「助けられました」という眼差しでした。だからこそ、ヨン様が話す韓国語を理解したい、話してみたいと思って、韓国語教室に通って韓国語を学んでいらっしゃいました。ヨン様に会って、自分の思いを直接伝えたいと言っていました。

一方、私も日本のドラマを観ていますが、私の場合は、それは言語を学ぶ道具として捉えており、日本語をより理解する手段として、繰り返し観ています。しかしながら、韓国語を学ぶ日本人の方々の場合は、意気込みが全然違います。それはまるで、自分の人生のすべてをかけて、韓流ドラマを観ているかのように熱心なのです。好きな俳優のドラマのＤＶＤは、レンタルするだけではなく、所有する価値があると思ったら、高い代金を払ってでも、すべて購入していた方もいらっしゃいました。ドラマを観るには時間もお金もかかりますが、日本人の受講者の方々は、そのどちらも惜しむことなく、まるで、自分の好きな俳優自身に投資しているかのようでした。そんな方々の韓国語を学ぶ姿勢や韓国に対する思いには本当に頭が下がる思いでした。

仕事からみた日本人

大学院を卒業した後、私に韓国語と日本語を教える機会が与えられました。そこは、大学でした。そこでは学生に韓国語と韓国文化を教えることになったので、日々、勉強に研究、さらには、毎年の研修もこなしていきました。韓国の文化を伝える伝道師のような立場で教壇に立ち、日本人学生と中国人学生に母国の言語と文化を教えていました。いつも、授業中に質問がなかったので、自分の授業に対する生徒の反応が分からず、生徒たちに授業での質問や感想を紙に書いてもらうことにしました。すると、日本人の学生の大部分が丁寧に質問などを書いてくれました。また、授業が終わってから質問にやって来る学生は、不思議にも、いつも、日本人の学生でした。しかも、他のアジア圏の学生の質問がすべて終わるのを待ったうえで、静かに聞いてくるのです。そして、説明が終わると、丁寧にあいさつをしてから帰ります。また、消しゴムの消しカスを机の上にそのままにしておかず、机の上をきれいにして、中には机をティッシュなどで拭いて帰る学生もいました。こういう姿を見ると、「人に迷惑をかけるな」という日本の子育ての教えが上手く作用しているなと感じます。日本人の礼儀正しさがよく表れている場面かもしれません。

その一方、授業に対するクレームに関しては、授業担当の先生に直接言わず、韓国語コースの責任者である日本人の先生に、間接的な形で授業のクレームを訴えていました。このやり方も「人に迷惑をかけるな」という育て方の結果の一部かもしれません。先生に直接自分の思いを打ち明けずに、遠回りして、間接的にクレームを言うのは、先生の面子をつぶさないという意味では礼儀正しいことかもしれませんが、実際にこういった状況に遭遇すると、先生はまるで狐につままれているかのような感覚に陥るかもしれません。

　さて、韓国語には比較的日本語と酷似している言葉や表現等があります。例えば、日本語の「かばん」は韓国語で「カバン」、「家族」は「カゾク」、「計算」は「ケサン」、「家具」は「カグ」、「歌謡」は「ガヨ」、「都市」は「トシ」、「道路」は「ドロ」、「無視」は「ムシ」、「準備」は「チュンビ」、「茶」は「チャ」—等々です。しかし、日本語とのズレがある韓国語も結構あります。たとえば、韓国語の言葉には、「친구를 보러 가다」という言葉があり、日本語に訳すと、「友達に会いに行く」となりますが、韓国語に直訳すると、「友達を見にいく」という意味になります。つまり、「とにかく直接相手の顔を見たい」という意味になります。ちなみに、「보다」の用法には次のような表現などがあります。시험을 보다(試験を受ける)、만화를 보다(漫画を読む)、손해를 보다/이득을 보다(損害を被る/利益を得る)、점을 보다(占ってもらう)、손을 보다(手入れをする、直す)、시장

을 보다（市場を見る=買い物をする）、사회를 보다（司会をする）、겨울연가아기를 보다（子守をする）、손자를 보다（孫が生まれる、孫を授かる）、며느리를 보다（嫁をもらう）、재미를 보다（得をする、もうける）、선을 보다（見合いをする）、겨울연가뜨거운 맛을 보다（痛い目に遭う）。［보다（みる）］は動詞の類だけで三〇個の意味があるのです。

国際結婚からみた日本人

私は日本人の夫と国際結婚をしました。結婚した当初は、夫を通して見える日本は、決まったルールや枠の中で動いている感じがして、少しもどかしさを覚えていました。何をするにも、出来ないと感じたら、チャレンジもせずに、すぐにやめてしまう。固定観念に捉われて、もはや、他のことが考えられないといった世界にいるように私には見えました。夫（日本人）から見れば、妻（韓国人）は、何故、無謀なことにチャレンジするのだろうか。何故、一旦、決めたはずの物事を急に変えるのかと思ってしまうかもしれません。韓国人の視点でみれば、柔軟に対応しただけなのですが……。このように、私の価値観と日本人の価値観とが衝突してしまう事が多々あったと思います。そうした背景があり、現在の私の研究領域である「日韓国際結婚家庭の親子のアイデンティティ」という点に注目し、勉強し始めました。韓国風の柔軟な性格を備え、「大丈夫（ケンチャナ）」の文化で育てられた自分のアイデンティティのゆらぎや、その形成過程を知るために、日韓国際結婚家庭の親子の実態を調査し、アイデンティティの形成過程の分析を試みたのです。各々の家庭に、様々なアイデンティティの形成過程がありました。結論から言うと、そこには、国籍を超える「家族愛」が存在していたのです。国籍や互いの異なる文化背景を越える「愛」。つまり、「家族愛」というものは、普遍的なものだと感じています。また、国際結婚を考えている方々へのメッセージも寄せてもらいました。多くの人が「異なる文化を十分に理解し、学んだ上で交際し、結婚することを決意してほしいということでした。日本と韓国。距離的には近くても、心理的には遠い国同士。どこか似ていて、どこか全然違う国同士。生活スタイルや思考法も異なります。例えば、お刺身を食べる際、日本では醤油と一緒にワサビを付けて食べます。しかし、韓国では、日本と同じ食べ方をする人もいますが、殆どの人がコチュジャンに酢をいれたソースに付けて食べます。

また、海鮮丼も日本では醤油をかけて食べますが、韓国では海鮮丼の上にコチュジャンと酢とゴマ油をいれた特製ソースをかけて、混ぜて、食べます。日本人から見れば、食べ方が行儀悪く映る可能性もあります。けれども、韓国人から見れば、生臭いお刺身を、よくも、醤油だけで食べられるなという印象を受けます。

外食をする際に、日本では自分が注文した食べ物は自分が食べます。しかし、韓国では、それぞれが注文したテーブルいっぱいに並べられた色々な料理を皆で囲んで、一緒に食べるイメージがあります。日本から見れば、韓国の食卓は豪華で食品ロスなものに映るでしょう。実際、私の家でも、結婚当初は韓国式で沢山料理を作って、留学生等も家に呼んで、食事をふるまうことが多かったのですが、ある時から、食品ロスのことも考え、沢山は作らないようにしました。また、航空便で家に送られてくる母からの韓国の贈り物も、以前は、教会や知り合い等にもお裾分けしていました。けれども、そうすると、必ずお返しを頂くことになり、これもこちらの負担になってしまいました。お返しを頂くためにお裾分けしているのではないのにと物悲しさを感じるようになってしまったので、今は数人の知り合いだけに分けています。日本人からみれば、上述したように、気前よく振る舞っているように見えるかもしれませんが、私にとって、韓国からの母の贈り物は、他国に住んでいるため、一年に一回しか会えない娘のために送る愛情そのものなのです。ある意味、私は、その母からの愛情を私一人だけで享受するのではなく、皆と共に分かち合いたいと思っているのです。しかし、日本人から見れば、押しつけがましい親切だったり、ありがた迷惑だったりするのかもしれません。

夫の家族から見える日本

韓国ではお姑さんは息子の家に来たら、玄関で物を渡してそのまま帰ることなく、中に入って、色々と話をしたり、色々と世話を焼いたりしますが、夫の家族は、家を訪れると、差し入れや必要な書類等を玄関で渡すだけで、家の中に上がることはありません。文化心理学者であるハン・ミンは「日本人は線を引く民族であり、韓国人は線を越えて付き合いをする民族である」と指摘しています。私もその通りだと感じています。家族関係でも、韓国の料理を作って、夫の実家に差し入れをすると、それに見合ったお土産や食べ物を頂くことになります。最初は、まるで、会社同士で取り引きをしているような感覚でした。こちらからは、ほんの気持ちだけのもの、心ばかりのものを贈っただけにもかかわらず、すぐにそれに見合うような物がお返しとして贈られてくるのです。また、何度も、「この間は○○ありがとう」と言われます。韓国では、「この間はありがとう」と言われると、また、奢ってあげなければならない、買ってあげなければならないなどと考え込んでしまいます。何とも言えない妙な気分になります。しかし、今は日本の文化をよく理解しているので、ある程度、生活文化や習慣を経験し、理解していきます。けれども、心の奥底では、今だに、単に物のやり取りをしているような気持ちが消えないままに人間関係が成り立っているような感覚に捉われてしまいます。

一方、家族にも、他人にも、ある一定の線引きをして、お付き合いをする日本の慣習に従っているからこそ、自分のことを全てさらけ出せずに、節度をわきまえて、自分自身にマインドコントロールをしながら日本人と接している自分もいます。元々、喜怒哀楽に富む韓国人の自分が感情的になることなく、心のバランスを保ちながら、落ち着いて人と接することができているのは。周りの日本人のお陰なのかもしれません。

名乗り方

　夫の知り合いからの年賀状には、夫の名前と妻の私の名前があります。こちらからの年賀状には、夫の名字の下に、私の本当の名前である「韓国姓 ＋ 名前」のうちの韓国性は表記せず、名前だけを記載しています。つまり、夫の姓で書いています。韓国では、結婚をしても、夫婦別姓のため、夫の姓を名乗る必要がなく、独身のときと同じ姓をそのまま使うことになります。韓国には、年賀状の文化もなく、新年を祝うグリーティングカードを入れた封筒に宛名を書いて、新年の挨拶を行っています。また、結婚当初、夫の知り合いに木の板に彫った表札を頂いたことがありました。その表札には、夫の名字だけではなく、私の氏名もフルネームで彫って頂きました。今思えば、夫の姓だけを彫って頂けばよかったかなと思っています。日本にいながら、韓国のスタイルに固執しても、目立つ一方ではないだろうかと考え始めています。

　独身時代からの韓国名をそのまま使っている私は、結婚後も名字を変えずに生活しています。日本では、私の名前は男性の名前だと思われがちです。そのせいで、公共機関で何らかの手続きをする度に、「ご主人様のお名前ですか」と言われてしまいます。そんなとき、私は、冷静さを保ちながら、笑顔で、はっきりと、「いいえ。私の名前です。あと、『りょう』ではなく『やん』です」と答えるようにしています。現在は、漢字で氏名を書いて、その横に必ずフリガナも書いて、手続きを済ませています。韓国の氏名には、フリガナを書かなければ、日本の漢字の音読みの読み方を当てられるのですが、それも嫌なものです。また、それは、相手のためにも、読めなくて困るといった状況を回避できるため、便利です。公共機関で働いている日本人の方々には、外国人の名前の読み方について、「異文化理解」を促す講座でも設けて、その中で少しだけでも学んで頂けたらと考えることもあります。また、最近では、よく、「多文化共生」というスローガンが掲げられていますが、実際、真剣に取り組んでいる機関や団体は、ほんの一部のような気がします。もちろん、コロナ禍で、行政機関の方々は、皆、思いがけず、仕事の量が増えてしまい、その目標達成にまで手が回っていない可能性もあります。確かに、現在、世の中は人手不足で大変な状況かもしれません。

異文化理解のための講座のことはさておき、一般市民の意識を高めることは大切だと思います。それは、つまり、多様な文化圏からやって来た外国人がたくさん自分と同じ街の中に共存していることをもう少し自覚して、互いの異文化について共に学ぶ意識を持つことが最も大事だと考えます。受け入れる立場としての上から目線ではなく、むしろ、外国人から何か学ぶべきことがあるのではないかということを皆で共に考えてみることがとても大事なことではないでしょうか。

また、教育現場でも、学生たちが私の漢字の名前を正しく読めずに、適当に読んでしまうことを防ぐために、外国人教員の氏名には、予め、フリガナをつけておくようにするべきではないかと思います。学生の中には、外国人である私の名前を何度も読みながら、からかう人もいました。大学生にもかかわらず、異文化理解に少々疎い学生を多く見かけるので、そういう学生たちのためにも、適切な形で異文化教育を受けられる環境を整える必要性を感じています。韓国人の視点から見たときの日本人の名前はどうみえるのか？韓国では、名字が二文字以上の漢字から成ることは稀なことであり、日本人の名前は、韓国人から見ると、同じ漢字の苗字でも、色々な読み方がありますし、あまり長いと、きちんと読んでもらえません。固有名詞である誰にとっても大切な名前について私たちはお互いに、どの程度、誠意を込めて向き合おうとしているのでしょうか。個人の名前には、各自の民族的な帰属性や文化背景が刻まれており、両親やご先祖様の様々な思いも込められています。名前は個人のアイデンティティ形成に深く関係しており、最も弱い立場にある子どもたちにとっては特に重要な事です。多言語多文化背景の人々と共存する社会を目指すのなら、多様な名前の存在を認める必要があると、リリアン・テルミハタノ（二〇〇九年）は指摘しています。

婉曲的な表現

日本人にキムチを差し上げると、必ず帰ってくる言葉は、「辛いけど美味しい」です。あまり美味しくないけれど、口には合わないけれど、相手に失礼なので、直接そうは言わないようです。しかし、逆に、韓国人に日本の納豆を差し上げると、婉曲的な表現は一切なりをひそめ、非常に率直な感想が返ってきます。これは、韓国語には日本語のような婉曲的な表現が少ないからだと思います。

親の立場からみた日本

親として感じる日本人、そして、日本という国は、決められたルールをしっかり守り、子どもたちは幼い頃から「人に迷惑をかけるな」と言われ続けて育つというイメージです。しかし、人間がこの世に存在し、生きてゆくためには、場合によっては、迷惑をかけざるをえない環境もあると考えます。なぜなら、この世の中は自分一人で住んでいるわけではないからです。「人」という漢字にもそれが表れていて、この漢字の成り立ちは、二人の人間が互いに支え合っているイメージに由来しています。「人に迷惑をかけるな」という日本式の子育てを私は、「自分でできることは自分でやりなさい」、もしくは、「自立、独立」という言葉で受け止めています。しかし、この「迷惑」という言葉を使われると、自分のそういった感情が吹き飛ばされてしまい、何も言えなくなる時があります。ただ、「人に迷惑をかけるな」と言われて育ったはずの日本人の方々が、私が持っているそのイメージを大きく変えてしまう場面もあります。例えば、それは「お祭り」のときです。いつもは穏やかで静かな性格の人なのに「お祭り」になると大騒ぎをして、街中が賑やかになります。それまで心の中に抑えてきた喜怒哀楽のすべてが発散されているように見えます。また、昼のドラマに殺人事件やサスペンスのドラマがとても多いということにも驚きました。さらに、子どもが見る番組にも殺人事件をテーマにしているアニメーションがあります。しかも、リアルに血を流すシーン等もやたら多いです。ある時、日本人に次の質問をしたことがあります。「日本にはなぜ、こんなにも殺人事件のドラマやサスペンスのドラマが多いのか」と。彼の返事は、「色々と推理できるのでおもしろいから」というものでした。「人に迷惑をかけるな」という教育を受けてきている日本人の方々が好んで見ているドラマやアニメーションの中に殺人事件や復讐をするシーンがこれほど多いのは矛盾するように思うのです。

日韓の食卓

我が家では、韓国の食べ物（チヂミ、チゲ、トック（韓国のお雑煮）、ピビンパ、プルコギ、チャプチェ、キムパ、キムチ等）や日本の食べ物が共に食卓に上ります。子どもたちは、学校の給食でも韓国の食べ物を食べているので、慣れているものの、私が台所でキムチの浅漬けを作っていると、臭いと鼻をつまんだりすることが多かったように思います。そんなときは決まって、子どもにこんな風に言い聞かせていました。「世界にはいろんな食べ物や料理があって、自分にはその匂いが臭いと感じたり、味が口に合わない時もあると思うけど、その国の人にとっては美味しく感じるものなので、そういう態度はやめてほしいな」と。子どもたちは、私が韓国の料理を作る際、たまに、手伝ってくれる時があるので、そんなときには韓国の食文化について説明するようにしています。例えば、「チャプチェ」は何かお祝いごとがあったときに食べること、そして、「トック」は日本では大きいお餅が入っているけれど、韓国では長いお餅を斜めに切った小さいお餅が沢山入っていることなども説明しています。また、子ども達は、母親が韓国人であることを意識しているようで、韓国風のお菓子や食べ物を買ってくることもあります。その時に必ず言うのは、「ママのために買ってきたよ」という言葉です。少し恩着せがましい表現ではありますが、子どもたちの温かい気持ちが伝わってきます。

私は誰？

子どもたちは韓国からかかってくる電話を通して、自分の母親が韓国人であることを知っています。また、Ｊリーグで活躍するサッカー選手の中に韓国人がいるのを見つけると、すぐに、「○○は韓国人の選手で、○○の出身だよ」と教えてくれます。また、韓国旅行をした時に一緒に食べた韓国の食べ物を思い出しては、そのときの思い出を語っています。子どもたちには「君たちは日韓のダブルで、国際児ですよ」と伝えてあります。一方、子どもたちには韓国人の母はどういうふうに見えているのでしょうか。また、息子たちにとって、韓国人と日本人はどんな風に見えているのでしょうか。いずれは、「コリアンからみた日本人」と「日本人からみたコリアン」について日韓国際結婚家庭の子ども達に質問してみたいです！

参考書

・小倉紀蔵（二〇〇五年）「心で知る、韓国」岩波書店

・金栄勲（二〇一〇年）「韓国人の作法」　集英社新書。

・鈴木一代（二〇〇四年）国際児の文化的アイデンティティ形成：インドネシアの日系国際児の事例を中心に異文化間教育、19、42-53

・鈴木一代（二〇一二年）思春期の日系国際児の文化的アイデンティティについての研究　埼玉学園大学紀要（人間学部編）、12、79-92

・リリアン・テルミハタノ（二〇〇九年）マイノリティの名前はどのように扱われているのか―日本の公立学校におけるニューカマーの場合、ひつじ書房

・ハン・ミン（二〇一三年）『겨울연가 선을 넘는 한국인 선을 긋는 일본인-심리학의 눈으로 보는 두 나라 이야기（線を越える韓国人、線を引く日本人―心理学の目でみる両国のストーリー』겨울연가교보문고

梁　正善（西南学院大学）

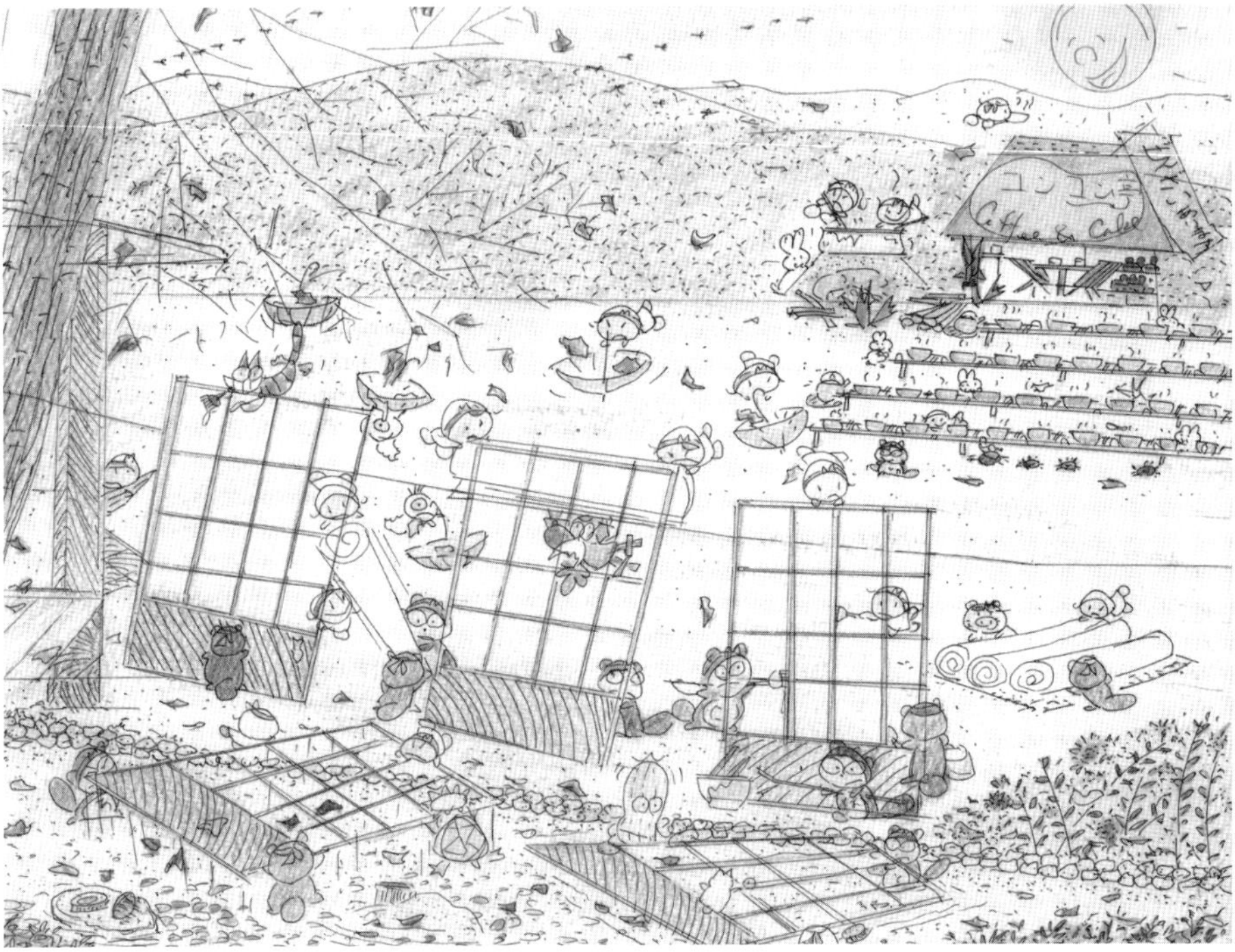

第4章

「日韓ハーフ」から見る日本社会

（山口祐香）

はじめに

皆さん、キムチは好きでしょうか？　お店で焼肉と一緒にチヂミやビビンバを注文する人も多いかもしれません。若い人であれば、チーズタッカルビやタッカンマリ、サムギョプサル、スンドゥブなどの料理名にも聞き覚えが多いでしょう。これらはいずれも「韓国料理」として広く親しまれているものです。

私がこの章を書いている二〇二〇年現在、日本の日常生活には実に多くの「韓国」があふれています。世界的にも高く評価されている韓国のドラマや映画に加え、ポップミュージックや化粧品、ファッションなど、様々な韓国発の文化に関する膨大な情報が日夜メディアで発信され、大変な人気を誇っています。私が住んでいる九州の地方都市においても、韓国料理店がいくつも出来ており、スーパーに行けば即席ラーメンやコチュジャンなどの調味料も気軽に手に入るようになりました。

何より、日本にとって韓国は最も近い隣国の一つです。福岡空港から飛行機に乗れば、一時間もかからず釜山の金海空港に到着です。毎年多くの人々が、仕事や観光、留学などで行き来をしています。ここ数年は、新型コロナ・ウイルスの世界的な流行により、しばらく海外旅行が出来ない時期も続きましたが、往来制限の緩和に伴い、再び多くの人々が両国を訪れる日常がもうすぐ戻ってくることでしょう。日本による韓国併合から三十五年に及んだ植民地支配の記憶や、歴史認識問題などをめぐって戦後も長らく対立が続く日韓両国ですが、「近くて遠い」隣国が少しでも近くなることを願ってやみません。

ここまで書きましたが、実は私と「韓国」の間には、少し微妙な距離がありま す。私は日本人の父と韓国人の母の間に生まれた、いわゆる「ハーフ」です。しかし、父方の血統主義を採用している日本の制度に則れば、私は紛れもない「日本人」です。また、私は日本で生まれ育ち、日本の学校に通い、教育を受けてきました。もし誰かに「あなたは何人ですか?」と聞かれれば、私は「日本人」だと答えます。大人になるまでハングル(朝鮮半島の文字)もろくに読めなかった私は、自分の中の「韓国」のルーツについて語ることに長らくうしろめたさを感じながら過ごしてきました。さながら玄界灘の大波の上に浮かぶ船のように、私の「アイデンティティ」はいつも微妙な境界線上にあって、横目でちらちらと朝鮮半島を眺めながら、「日本人」としての自分を生きてきた訳です。

しかしながら、色々な経験を経て、私は「韓国」を自分のルーツの一つであるとようやく言えるようになりました。生活に困らない程度の韓国語は使うことが出来ますし、韓国には親戚や友達もたくさんいます。何より、韓国への留学や大学院生活を経て、日本と朝鮮半島の戦後交流史を専門とする研究者になりました。その中で、自分にとっての「韓国」、あるいは「日韓」の見方が大きく変わってきたことも感じています。

もしかしたら、私の名前や経歴を見て、読者の方々は「コリアンではなく日本人ではないか」と思うかもしれません。しかし、私のように、一見見た目や名前、話す言葉などからは見分けがつかなくとも、多様な国籍を持っていても、朝鮮半島にルーツを持ち、様々な人生を生きている人々もこの社会には数多くいます。その一人一人は、「日本」や「韓国」、「朝鮮」などといったナショナルな区切りでは到底くくり切れない、多様な経験やストーリー、思いを抱えて生きています。本稿では、そうした幅広い概念としての「コリアン」を念頭に置きつつ、「日韓ハーフ」としての私の個人的な体験を通じて、日本と朝鮮半島との関係性を考えてみたいと思います。

「韓国」との距離

物心ついた時から、私の家族は「普通」と少し違う、ということには思い当たっていました。たとえば苗字。一つ屋根の下に住んでいる家族ですが、私と父は「山口」という姓です。一方、韓国では結婚しても女性の姓は変わらないので、ジャーナリストであり地元で日韓交流の市民団体を主宰する私の母と、母の実母であり、キリスト教の宣教師であった祖母（現在は故人）はそれぞれ違う姓を持っています。したがって、保育園や小学校に保護者が記入して提出する書類を見ると、私の家族の欄には三つの姓が並んでいました。

海外旅行に行くときは、空港で必ず入国審査を受けなければなりません。祖母や母と私は異なる色のパスポートを持っていて、審査のレーンに並ぶときには「この先で待ち合わせようね」と言って別々の方向に行きます。私は「日本人」のレーン、祖母や母は「外国人」のレーンへ…。この時はいつも強く「国籍」を感じさせられます。また基本的には家で日本語を話しますが、時折、母と祖母が二人で韓国語での会話をしているのも聞いていましたし、食卓には時折、韓国料理が並びました。実は大人になるまでキムチは食べられなかった私ですが、小さい頃の記憶で、自宅の台所の床に座り、大量の白菜を切ったり、大きな青いたらいで真っ赤な唐辛子や調味料を混ぜたりして、キムチを漬けていた祖母の後ろ姿は鮮明に思い出されます。

毎年、夏休みには、祖母に連れられ、ソウルの親族宅に数週間滞在するので、絵日記の宿題には現地で行った遊園地の話を書きこんでいたことを思い出します。祖母や母は頻繁に日韓を往来しており、我が家には「免税店」のショッピングバッグがたくさんありました。こうした異文化と国境が混在する日常こそが幼い私の「普通」であったと言えます。

ただし、こうした子供時代を振り返ってみて、自分が「韓国」に親しんでいたかと言えば、必ずしもそうではなかったと思います。アルバムにある小さい頃の私の写真には、七五三で着物を着たものと、セットン柄（韓国の伝統模様）のチマチョゴリを着たものが並んでいます。しかし前述のように、小さな頃の私はキムチを始め、香辛料のパンチが強い韓国料理は苦手でした。韓国に行っても、ファースト・フードや焼き肉、わかめスープなどの食べ慣れた辛くないものばかりを口にしていたのを覚えています。何より、私は韓国語がほとんど話せなかったので、韓国に滞在している時の自分は「外国人」そのものでした。母は身につけさせようと試みてくれたらしいのですが、子供の私はどうも避けて回っていたようです。日本で長年生活している母や祖母はもちろん、韓国にいる母方の親族の多くは日本での留学や仕事の経験があり、簡単な日本語で意思疎通をとることには問題なかったということも少なからず関係しました。ただ、現地のテレビも分からなければ、一人で買い物にもいけません。ある時食事会で、親族の一人が私の韓国語の出来なさを指し、「勉強してしゃべれるようにならなければ、韓国に来させるな」と言っていたのを耳にしてしまいました。もちろん、それは冗談ではあったのですが、幼心にこびりついた衝撃はなかなか消え去ることがありませんでした。

「テーハミングク！」（韓国語で大韓民国を意味します）。そして「『日本人』になりたい」子供とは言え、小学生までの私はさほど自分の「アイデンティティ」に悩む、などということはまだなかったと言えます。通っていた地元の小学校では、出自よりもむしろ極度な人見知りであることの方が私の学校生活をいささか難しいものにしていました。そんな中、一年生の時に少し大きな出来事がありました。当時の私は特に頓着することなく、自分の母が韓国人であることを周囲の同級生に話していたのですが、ある日、同じクラスの男の子たちが私に「中国人！」とはやしたててきました。そもそも事実として間違いですし、その時は何も思わず受け流した一方、「何か重大なことを言われた」ことは分かった私は、帰宅するなり家族にこのことを話しました。母はすぐさま顔色を変えました。数日後、担任の先生がホームルームの時間に、日本と韓国の歴史について、また私の母についてクラス全体に対し説明をしてくれました。実は、出来事を重く見た母が学校側に相談し、「国際理解」の機会としてこのような場を持つことを働きかけたのでした。その背景には、地元新聞で連載も持つジャーナリストとして名を知られ、また大規模な日韓音楽祭の主催など、交流事業の企画などで学校とも日頃から関わりを持っていた母の影響力があったことは間違いありません。いずれにしても、突然クラス中の注目を浴びることに面食らいつつ、私は確かに誇らしい思いを感じていたことを記憶しています。実際、こういった「からかい」のようなものはその後一切経験することはありませんでした。

特に「潮目」が変わったと感じたのは、二〇〇二年日韓共催ワールドカップの年でした。史上初の二か国共催となったこの大会開催を前に両国は沸き立ち、政府間・自治体間・民間を問わず様々な交流事業が盛んになりました。飲料水やピンバッジなど、オフィシャル・スポンサー企業が次々と記念商品を売り出す中で、普段スポーツとは全く無縁だった私もまた、この日韓ワールドカップの熱に取り込まれて行きました。ペットボトル飲料の蓋についていた各参加国の国旗が書かれたシールを集めたり、子供向け雑誌のワールドカップ特集を読み込んで、有名な選手や監督の名前を覚えたり…。「にわかサポーター」の出来上がりです。

特にこの大会で話題となったのが、自国開催となった韓国代表の奮戦でした。日本代表がベスト十六位に終わった一方、韓国代表は次々と勝ち進み、アジア勢として初のベスト4という結果を収めました。この時、強烈なイメージを残したのが、「レッドデビルズ（赤い悪魔たち）」と呼ばれる韓国代表の公式サポーターたちの姿でした。彼・彼女たちは真っ赤なTシャツを着こみ、スタジアムや韓国の街頭を埋め尽くして、「テーハミングク（大韓民国）！」と叫びながら、打楽器に合わせて五回手を打ち鳴らします。こうしたサポーターの姿は「熱く」「アグレッシブな」韓国人の姿を日本の人々に印象づけたと言えるでしょう。

このワールドカップのテレビ中継を見ながら、私はおそらく生まれて初めて「日韓ハーフ」ということを強く自覚しました。国際的なスポーツ大会はナショナリズムが強く刺激されやすい場です。自国開催ということで応援にも熱の入る日韓それぞれのチームを見ながら、その時初めて「自分はどちらの側に立つべきか?」を考えさせられました。私の選択はシンプルで、「両方」を応援すること。一つのうちわの両面に日韓の国旗をそれぞれ手書きし、テレビの前でふりました。日本戦の時は知っている選手の顔を探しては応援し、韓国戦の時は、母にカタカナで「愛国歌（韓国の国歌）」の歌詞を書いてもらって覚え、現地の知り合いからもらった真っ赤な公式Tシャツ姿に早変わり、「テーハミングク!」と手を叩く。両方の側に立ち、両方と喜び、両方と悲しむ。「君が代」も「愛国歌」も歌う「資格」が私にはある。韓国代表がベスト4に輝いた時、その出来事を「誇らしい」と感じる自分がいる。そうした形での自らのアイデンティティを確かに気づかされたのがこのワールドカップの経験であったと言えるでしょう。

このように、子供の頃の私の日常には確かに「韓国」がありました。家族や周りの助けもあり、さして自分の出自に悩むことも、生活上の何らかの不利益を被ることもなく、むしろ「日韓ハーフ」であることは、凡庸な自分に誇りを与えてくれる貴重な個性の一つのようなものだったのです。ただし、そう思うことが出来たのは、私が日本の国籍と名前を持ち、普通の「日本人」と肌や髪の色などの外見も変わらない「日韓ハーフ」である上に、韓国人である母が地元のコミュニティの中で一定の社会的地位を持ち、メディアにも頻繁に露出する「有名人」であったからかもしれません。そうした在り様は、さながら、場所や相手に合わせてつけたり外したり出来て、周りの人から褒めてもらえるアクセサリーにも似ています。本当のところ、言葉や文化がほとんど分からなかった時の私自身にとっては、「韓国」は自分の中には無いまま、まだ手の届かない先にあったのです。

一方で、小さい頃からよく両親に連れられて各地の資料館や古墳を見に行き、漫画『日本の歴史』が愛読書だった私は、本棚をあさって様々な歴史書や時代小説にも手を出し、自他共に認める「歴史オタク」になっていました。小学校高学年になった二〇〇四年に、新選組を主人公とするNHKの大河ドラマが放送されると、一気に大ファンに。例にもれず、司馬遼太郎の代表作として知られる『竜馬がゆく』や、高杉晋作を主人公とする『世に棲む日々』は、丸暗記するほどまでに読みました。そして「レッドデビル」のTシャツを着ていた子供は、小遣いで坂本龍馬Tシャツを買い、中学校の修学旅行では京都市内での幕末維新史跡めぐりを強行して周囲を困惑させる「オタク」に育ちました。

思春期に差し掛かった頃の私も、学校生活は楽しいものの色々な葛藤も持ち、また進路の選択が常に迫られる中で、自分が何者で、どうやって生きていくべきかという問いに直面していました。その中で、同じように自らの生き方に悩みつつ、進むべき道を求めて懸命に生きる人々の物語は、非常に共感できるものでした。何より、フィクションとはいえ、社会の「普通」から飛び出し、身近な環境や天下国家を変革するような人々の生き方は強烈な憧れをもたらしたのです。そして、私の関心は、「(歴史書に登場する)彼らのようになりたい」から、「彼らのような『日本人』でありたい」というものへと変化していったのです。

「韓流」と「嫌韓」

では、私と「韓国」の関係はどうなったのでしょうか。この頃を振り返ると、以前には覚えのなかった日韓関係の悪化がリアルタイムの記憶として入ってくるようになります。そもそも戦後日韓関係史においては、一九六五年の国交正常化以降、冷戦体制を背景に両国政府の緊密な関係が保たれてきた一方で、一九八〇年代末の韓国の民主化を前後して、過去の植民地支配や日本の歴史認識に対する韓国政府および市民側からの批判や告発が相次ぐようになります。その代表例としては、一九八二年に中国・韓国と日本の間で生じた「第一次歴史教科書問題」や、一九九一年に元従軍慰安婦として初めて名乗り出た金学順氏が戦時中の性加害について日本政府を提訴し、その後の従軍慰安婦問題の皮切りとなった出来事などが挙げられます。こうした歴史認識問題の表面化に対し、日本側は、一九九三年に旧日本軍の強制的な慰安婦動員を認め謝罪した「河野談話」の発表と「アジア女性基金」への協力、一九九五年に朝鮮半島への侵略と植民地支配を謝罪する「村山談話」を発表するなどで対応しました。また一九九八年には日本の小渕恵三首相と韓国の金大中大統領により、過去の「不幸な歴史」を乗り越え、未来志向の両国関係を提示する「日韓共同（パートナーシップ）宣言」を発表し、それまで韓国内では規制されていた日本の大衆文化を段階的に開放するなど、両国間の人的交流拡大も図られました。二〇〇二年の日韓ワールドカップ開催が、友好的な両国関係を演出するハイライトとなったことは言うまでもありません。同じ年に放映された韓国ドラマ『冬のソナタ』（主演：ペ・ヨンジュン）や、二〇〇三年放映の『宮廷女官チャングムの誓い』（主演：イ・ヨンエ）は日本でも爆発的なヒットを記録し、中高年層を中心に「韓流ブーム」が席捲しました。私の母が地元で講師を務めていたハングル教室にも、大勢の受講者が詰めかけ、言葉の学習だけでなく、料理教室や韓国旅行を楽しんでいたことが思い出されます。「韓国（人）はこうだ」と書かれた解説本やルポルタージュが山のように日本の書店に並ぶようになりました。

しかし、二〇〇〇年代半ば頃から、日韓関係の雲行きは少しずつ怪しくなります。たとえば、私が中学生になった二〇〇五年には島根県が「竹島の日」条例を制定し、領有権を主張する韓国側の猛反発が起こりました。日本のメディアでは、「独島（竹島の韓国名）は我々の領土」と書かれた横断幕を掲げ、大々的なデモを行う韓国の人々の姿が取り上げられました。時には、日の丸の国旗を引き裂き、火をつけるような過激な人々の行動がクローズアップされ、韓国（人）の「反日」性が日本の一部の人々にとって不愉快なものとして受け止められるようになりました。ベストセラーとなった『マンガ嫌韓流』シリーズ（山野車輪著、晋遊社）が初めて刊行されたのは二〇〇五年のことです。

二〇〇〇年代の日本における「韓国」は、相互交流が飛躍的に拡大し、「韓流」に代表されるテレビドラマや化粧品、食べ物などの文化が親しまれるようになる一方で、歴史認識問題が顕在化し、両国民の間でも「親韓/親日」「反日/嫌韓」の感情的な葛藤が目に見えて起こるようになりました。言い換えれば、互いが互いにとって「文化は好きだけど、政治や歴史認識問題においては永遠に分かり合えない隣人」になったと言えるでしょうか。

まさにこの状況をリアルタイムで過ごしていた思春期の私は、悪化する「日韓関係」という現状の前に引き裂かれるような心持ちがしていました。もちろん『冬のソナタ』や『チャングム』は観ましたし、周囲の多くの人々が韓国文化に親しもうとする中で、少なからず嬉しさや誇らしさを覚えたのは事実です。その一方で、両国間の歴史認識問題に関して加熱していくメディアの報道には緊張するものがありました。特に、日本の一部の政治家やメディアなどの発信で過去の植民地支配をめぐる偏った歴史認識や蔑視的な言葉を耳にすることや、学校で使う歴史教科書に朝鮮半島に関する記述が実に少ないことについて、深い憤りを感じました。私は自分の家族を通じて、植民地下の朝鮮半島の人々の暮らしに関わる実体験を聞く機会が多く、それらを否定するような言説が繰り返される現状には耐え難いものがありました。「韓流」と「嫌韓流」の双方に日常的にさらされるようになってきたことで、私は再び「日韓」の間に立つ自分という存在に向き合うこととなったのです。

大転換

「日本」のものが好きで、素直に自分のやりたいことや興味の赴く方向に進んでみたいと思う自分。その反面、日韓関係の状況が目まぐるしく変わる中で、いやでもそのノイズが耳に入らざるを得ない現状は、高校生になったばかりの自分には受け止めるに難しい問題でした。日本で生まれ育った自分ですが、たとえこの先いかなる生き方をしようとも、「韓国」という存在は逃れられない宿命のように思われ、何より、両親の国同士が深く反目しあっているという事実に自分自身が引き裂かれるような思いがしていました。

その折、学外で参加したあるサマーキャンプで出会ったのが、講師であった十五代沈壽官氏（以下、十五代）でした。実は十五代と母は古い友人だったのですが、私はこの時、自分が抱えていたアイデンティティの葛藤の問題について質問しました。その際十五代は、生まれる前から私を知っていると述べた上で、「二つの国を知るあなたにしか出来ない生き方がある」と答えてくれました。他の受講生も大勢いる中、私は人目もはばからず泣きました。

そして夏休みが終わり、腹は決まりました。しかるべき大学に進み、生まれた時から確かに自分と近しいところにいて、でも少しばかり距離を置き続けてきた、でも改めて考えるとほとんど何も知らない相手、「韓国」と向き直ってみようと考えたのです。

「韓国」との出会い直し

果たして、朝鮮半島の歴史や政治外交が学べる大学に進学した私は、今日に至るまでの約十年間をまさに玄界灘を行き来しながら過ごしてきました。

学部生の時には、折しも当時の福岡市が釜山市との地域間交流を目的とする「福岡―釜山経済圏構想」を推進していたこともあり、釜山の大学との交流事業に数年加わり、多くの友人もつくり、また日韓の社会状況や若者の価値観の違いなどを学びました。また、ソウル大学政治外交学科への交換留学も実現し、ついに韓国に「住む」という経験を手に入れることが出来ました。何よりも不自由な言葉や友達作りに苦しみ、自分よりはるかに韓国語が堪能な日本人学生と出会っては悔しい思いをし、膨大な課題と闘いながら過ごした1年間の記憶は忘れることがないでしょう。一方で、下宿先の家族やクラスメート、教授陣、現地で通った教会の人々に大いに助けられました。この人々がいなければ、私は韓国語を身につけることも、また韓国の社会や人を深く知ることも出来なかったでしょう。

また、留学期間中には様々に考えさせられる出来事にも遭遇しました。セウォル号が発生し、沈鬱な雰囲気が続いた街中や、黄色いリボンで埋め尽くされた大学のキャンパス。植民地期に苦労した親族の話を滔々《とうとう》としながら、「日本人」である私に怒りを見せた食堂のおばさん。「日本と韓国って仲が悪いんだろう？」と話しかけてきたイタリア人留学生。彼のおかげで私は「世界にこう思わせる日韓であってはならない」と強く感じることが出来ました。また、日本留学経験者で、七十人近くいるクラスの中で唯一の「日本人学生」だった私を気にかけてくれた教授。毎回の授業で私を指名してくる恐ろしさはあったものの、多様な視点から日本の近現代史や歴史認識問題を論じていく授業は、最も鮮明に記憶に残っています。その全てが、初めて目の当たりにする「日韓」の生の姿でした。

特に、この留学期間を通じて韓国語をある程度話せるようになったことは、「ハーフ」としての自分自身の見方に大きな変化をもたらしました。言語は単なる意思疎通の道具ではなく、思考の枠組みを形作るとも言えます。韓国語を学ぶことは、韓国の人々の価値観や情動、ものの見方といった新しい「世界」を私の中に与えてくれました。また、韓国の親族と直接韓国語で話せることは、私の自信につながるのみならず、初めて私が「対等」と認められたような気がしたのです。実に長くかかりましたが、この頃になってようやく、私は自分のもう一つの家族を「そう」思うことが出来るようになったのです。子供の頃から「日本人でも韓国人」でもない、どちらかでありたいと思っていた自分が、「どちらも紛れもない『自分』である」と心底思えるようになったので、私の人生の中で大きな救いの瞬間でした。

日本のなかの多様な「コリアン」

ここまでが、私という一人の「日韓ハーフ」の物語でした。あくまでもこれは私個人の経験であり、「日韓ハーフ」と呼ばれる全ての人々を代表するものではありません。更に言えば、いわゆる「日韓ハーフ」という人々を、日本と朝鮮半島（あえて南北を問わない）にルーツを持つ存在として広げて考えた時、現代の日本社会には実に多様な背景を持つ人々がいることを決して忘れてはなりません。

たとえば、大学院以降私の大きな研究テーマとなっている「在日コリアン」という存在が挙げられます。一九一〇年に始まる日本の韓国併合に前後して、植民地となった朝鮮半島からは多くの朝鮮人が留学や働き口を求めて日本国内に流入しました。その内で戦後も様々な理由で日本に残った人々とその子孫は「在日コリアン」として戦後を生きることになりました。こうした人々の多くは、日本社会での苛酷な民族差別や貧困にさらされると共に、戦後日韓関係の変遷や東西冷戦に伴う南北朝鮮の分断により、日本・韓国・北朝鮮という三つの国家のはざまに置かれ、時に同じ激しい対立や葛藤にも巻き込まれながらの歩みを余儀なくされてきました。それでも、一九七〇年代以降、在日コリアンの若い世代を中心に、国籍を理由とした就職差別や指紋押捺制度の撤廃を目指す市民の動きが起こり、共感する日本人市民や国際世論も巻き込んだ人権運動として展開してきました。

こうした在日コリアンの人々の歴史は、私たちに「日本とは何か」、そして「あらゆる人が共生できる社会はどうあるべきか」という大切な問いをいつも投げかけてくれます。実は在日コリアン社会の中も、一言では定義できないほど実に多様です。戦前世代にあたる一世は、朝鮮半島で生まれ、「朝鮮人」としての意識が強いとされていた一方、それ以降に日本で生まれ育った二・三世は、実際の故郷としての「韓国/朝鮮」は知らず、それでも日本社会では「朝鮮人」としての厳しい差別に直面しながらも、主体的な権利と生き方を求めていく世代と言えるでしょう。もっと若い世代になると、社会の国際化に伴い、日韓およびそれ以外の国際結婚家庭で生まれた人、日本国内の民族学校に通った人、あるいは日韓や海外の学校で教育を受けた人も多くなります。一般には、一九八〇年代以降日本に移住した外国人を指して「ニューカマー」言いますが、韓国人留学生として来日し日本人と国際結婚した母と私のような存在は、「ニューカマー」とその子孫となります。このように、「コリアン」をめぐっては、一人一人の国籍・言語・文化・アイデンティティなども無数に多様化している現状であり、日本国内に居住する韓国籍者だけでも約四十三万人います（二〇二〇年現在）。まぎれもなく、現代日本社会は、「日本人」だけでなく、多様な背景を持つ人々によって構成され、支えられている社会です。

しかし、今なお在日コリアンを始めとする「コリア」にルーツを持つ人々への暴力や日常的な差別・偏見が日本社会の中に根強いと言わざるを得ません。長年にわたる歴史認識問題の対立は、一部の日本の人々の反発を招き、差別意識や憎悪をあおることになりました。特に近年は、インターネット空間で、「韓国・朝鮮」を扱った事実と異なるデマや差別表現などの「ヘイトスピーチ」が膨大に流布し、それに影響を受ける普通の人々も少なくありません。時には、新大久保（東京都新宿区）などのコリアンタウンの路上でヘイトスピーチを拡散するデモ活動が行われたり、在日コリアンの子供たちが多く通う学校への嫌がらせや放火などが行われたりと、直接的な暴力の危険性にもさらされています。現在日本の「コリアン」が置かれている現状は、残念ながら、一朝一夕の「学び」や個人間の「思いやり」の次元ではなく、普遍的な人権規範に基づく法的・社会的な対処と解決が必要な問題が多いことも事実です。

一方で、コロナ禍の日本社会では、韓国のポップカルチャーブームに始まり、若い日本人の中で韓国に対する好感度が急速に高まっているように見られます。かつて私たちが経験してきた「韓流ブーム」に比べ、単にドラマや音楽、食べ物を楽しむだけでなく、韓国という国自体や文化、人に対しての「憧れ」が強く打ち出されることは、今までなかったかのように思われます。それに伴い、たとえば私にように、「コリア」にルーツを持っていることが「かっこいい！」と言われるようになったことには少し戸惑いもあります。なぜなら、これまで多くの場合、多くの日本人が、欧米人（特に白人）やそのハーフに対しては「金髪」「青い目」「美男美女」「英語が話せる」などの肯定的なステレオタイプを寄せて来た一方、あまり日本人と見た目も変わらず、英語も話せない私のような「日韓ハーフ」は、周囲から寄せられる「憧れ」とは程遠いどころか、時には差別や偏見を避けるため、自分の出自を隠そうとする場面もあったからです。

したがって、今日のように日本社会の中で「コリア」に対する肯定的な見方が一般的になりつつあることは、喜ばしい一方で、懸念がないわけではありません。今は「韓流ブーム」が続いていても、またもし日韓関係が悪くなれば、その矛先が私たちに向けられやしないか、ブームはあくまでも「文化の一方的な消費」に留まり、現在の日本と朝鮮半島の歴史的関係性や様々な問題について必ずしも人々の理解が深まる訳ではないのではないか…。世代に関わらず、多くの日本の人々は何の疑問もなく「政治と文化は別」「国家間対立はあっても個人は仲良くなれる」と口をそろえて言いますが、その言葉には魔法が隠されています。社会学者のケイン樹里安氏は、「自分が何者であるかを気にしなくていい人」を「マジョリティ」として定義しました（ケイン樹里安「マジョリティとは「気にせずにすむ人々」

―#ふれる社会学のイベントから」https://note.com/julinote/n/n1e83b80755cc／最終閲覧2023年5月26日）。普段の生活を送る上で、自分の国籍やパスポートの色、名前、文化、生活習慣、言葉、ジェンダーなどといったことを気にしたことが無ければ、その人は「幸福なマジョリティ」と言えるでしょう。しかしながら、日本と朝鮮半島の間で、その双方にルーツを持つ者として生まれ、様々な政治的社会的出来事に否応なく関心を向けさせられながら、「自分が何者であるか」を不断に突きつけられる人々がいるということに人々が想像力を持ってほしいと心から思います。日本に生きる「コリアン」の置かれた状況は、まさに日本と朝鮮半島が歩んできた歴史の延長線上にあるからです。

いささか厳しい見方を述べてきましたが、最後に、これからの日本と「コリア」のため望むことを付け加えておきます。日本と朝鮮半島の人々が「相互理解」を実現するためには何が必要だと言えるか。約三十年という私の人生の経験から言えるのは、「分かった気にならない」ということです。

そもそも「日本人」とは何でしょうか。「コリアン」とは何でしょうか。皆さんはどれほど互いについて知っているでしょうか。日本と韓国が直接の人的交流を開始したのは一九八〇年代。古代からの交流はありつつも、不幸な植民地の歴史を挟み、生身の互いに出会い直してから未だ約四十年程です。それにもかかわらず、多くの日本人も韓国人も、メディアを通じたイメージや限られた自分の経験から、相手を「知っている気」でいる。そして、自分が理解できる通りに相手が行動しないからこそ、いらだち、本当に知ることを手放してしまう。しかしながら、時にそうしたステレオタイプを打ち壊すのが正しい学びと知識であり、生身の人間とのふれあいであり、直接訪れて手に入れる体験なのです。

私は「日韓ハーフ」ではありますが、三十年近く身近に付き合ってきても、まだ「日本」も「コリア」も完全に知っているとは到底言えません。日韓関係のことも、南北問題のことも、在日コリアンのことも、生活風俗や言語も、まだまだ知らないことが世界には溢れています。しかし、「分からない」からこそ、一喜一憂することなく目の前で起こることを見て行けるし、知るための努力を深めることが出来るし、節度をもって共存できる。これは、国や民族を越えた相互理解という観点にも同じことが言えるのではないでしょうか。「相手を『分からない』」という謙虚な地点から一歩進みだし、「自分にとって相手はどのような存在であるかを考える」。これこそが真の共存につながる一つの道であると強く思います。

山口祐香（日本学術振興会）

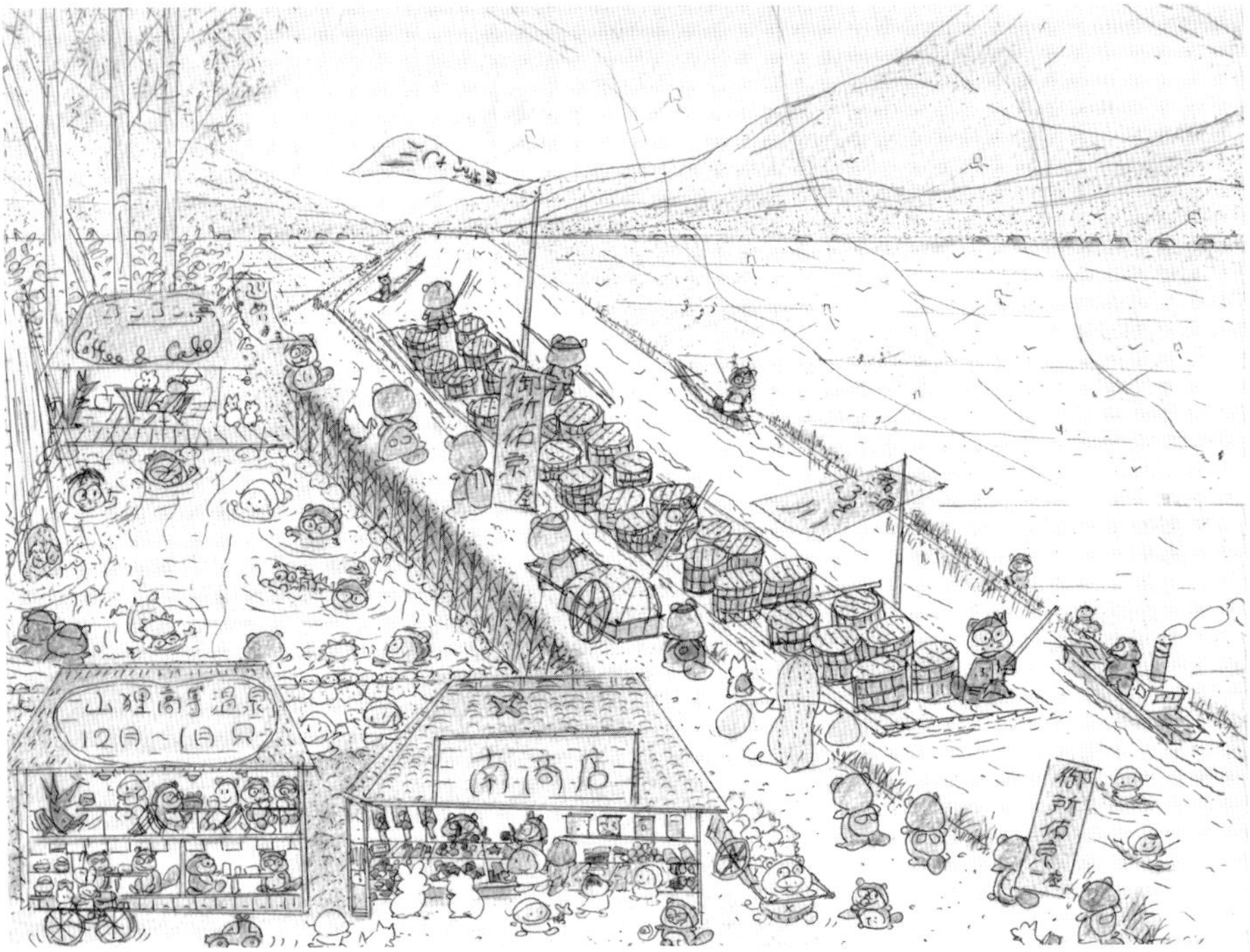
コンコン亭
Coffee & Cake
山狸商事温泉
12月～1月只
南商店

第5章

留学生カウンセラーからのコメント

（黄　正国・李　娜・梁　正善・山口祐香）

みんなが「We」―勇気与える体験話―黄 正国

三人の当事者は、貴重な体験を深く吟味して、わかりやすく言語化してくれました。一般の学術著書よりもはるかに面白く温かく感じる一冊になると思います。皆さんに触発されて、私もこの二、三日ずっと以下のことを考えました。

私は、一人の外国人として日本で生活してきました。最初に対人関係や生活様式に違いを感じることは多かったです。もちろん勘違いしたり、誤解されたりするような体験もありました。一方で、批判せずに自分と相手のやり取りを観察しているうち、相手は決して悪意を持って私を排除しようとしたわけではないことに気づきました。違っていたのは「人間」そのものではなく、文化習慣に影響された思考と行動のパターンだけでした。勇気をもって日本の方と深く関わってみましたら、自分の「民族性」や「文化アイデンティティ」は、自分の生まれつきの固有性質ではないと気づけた瞬間から、周りの世界がより広く見えるようになりました。

社会動物である我々は、自分の属している集団のある文化習慣（対人距離、衣食住の様式など）に愛着を持ちやすいです。さらにその文化習慣を「私たち（We）」と「私たち以外の人たち（Others）」を区別する「民族性」「文化アイデンティティ」として認識します。

我々は、自分の属している集団の「民族性」「文化アイデンティティ」に同一化し、それに基づいて自分を語る傾向が強いため、「民族性」「文化アイデンティティ」は無意識のうちに私たちの自分や世界への捉え方に深遠たる影響を及ぼしています。

そもそも人類の長い歴史の中で、「私たち（We）」と「私たち以外の人たち（Others）」を区別することは、自分の安全を守る極めて重要な本能の一つですので、はじめて「私たち以外の人たち（Others）」と出合う時に、私たちは、お互いの違いを敏感にキャッチするとともに警戒心を抱きやすいと思います。このような状態では、我々は安全を求めるために、「私たち（We）」の狭い世界にこもりがちです。

今回の作者の三人も、実際にコリアゆかりの家庭で生まれましたが、様々な文化的な違いを乗り越えて、自分の体験を通して、「みんな『私たち（We）』である」ということを示してくれました。皆様が語った体験は、多くの海外のルーツを持つ人々に勇気を与えると思います。

皆さんへの質問

文化のはざまにいる人々は、その体験を言語化できない場合が多いと思います。自分の体験を整理して言葉として語っていくためには、どんな条件が必要だと考えられますか。

例えば、

・批判せずに聞いてくれる相手
・本音を伝えあえる関係性
・湧き出る感情（怒り、寂しさなど）を一緒に消化してくれる場、などです。

李娜さんからの返事

今まで深く考えたことがない質問ですが、振り返ってみると黄先生がおっしゃっているようにラポール関係（人と人との信頼関係）が大事だと思います。その関係がないと何十年経っても、自分の体験をそのまま他者に話すのはなかなか難しいと思います。個人的には、ラポール、似ているような経験をした人に対しては話すのではないかと思います。

山口祐香さんからの返事

①当事者が自分の体験や感情を安心して語れる空間

当事者が自分の出自やセクシュアリティ、体験などを話したとして、聞き手はそうした内容を本人の同意なしに第三者に漏らさないという姿勢を徹底する必要があると思います。たとえば、在日コリアンの人の中には、様々な理由から日本式の通名を使っていたり、自身の民族的ルーツを公開したりしていない人がいます。とりわけ、近年ヘイトスピーチが氾濫する日本社会においては、コリアン・

ルーツを公表すること自体が躊躇われることもあります。多様なルーツを持つ人々が自身の体験を語る際には、誰もが安心して自分のことを話せる空間づくりが大切です。

②当事者の体験をむやみに一般化せず、まず聞き合うこと

たとえば、話し手の属性を「韓国人（留学生）」といった国籍や職業などで一括りにしてしまわないことです。近年、差別の問題を論じる上で、「インターセクショナリティ（交差性）」という概念が着目されています。すなわち、社会を様々な差別や抑圧が複雑に交差している構造として捉えることで、多様な人々が置かれている多様な現実に着目した研究や実践の可能性を提示する考え方です。一口に「外国人」といっても、個々人は世代・性別・人種・エスニシティ・宗教・障害の有無・職業など複数の社会的要素を抱えて生きています。たとえば日本国内で生活する韓国人男性でクリスチャンの留学生と、インドネシア人女性でムスリムの留学生では、直面している生活上の問題や宗教的慣習、ジェンダー差別の経験もそれぞれ異なり、したがって、必要とする支援も変わってくるはずです。文

化のはざまに置かれた人々が自分の体験について声をあげようとする際には、ぜひ聞き手側が、出来るだけ画一的なカテゴライズをしないように務めた上で、当事者の語りをまず聞いて尊重すること、その上で、対話を通じて個々人の置かれた現状を多角的に捉え、その人がその人らしく生きるための支援や伴走を行っていくことが大切だと思います。

李娜さんへの質問

来日直後はまだ「中国の朝鮮族」というアイデンティティを意識していたと思いますが、日本で生活しているうちに、「地球人」という広いカテゴリに同一化するようになったということが印象的でした。このような変化は徐々に生じたと思いますが、その過程に他者を見る目や他者とのかかわり方に何か変化があったのでしょうか。

李娜さんからの返事

私が日本に初めて来た時の二〇一五年頃は、そこまでグローバル化、デジタル化は進んでいなかったです。中国にいた時は、大学に通った時以外はほとんど朝鮮語中心の生活でした。その時の延辺朝鮮族自治州は、民族性も強かったですね。大学卒業後、すぐ日本に来ましたので、ずっと朝鮮語中心の生活を送った私は、最初はどこに行っても「朝鮮族」だと自分を紹介しました。考えてみると、その時の民族アイデンティティも強かったと思います。

二〇一五年から二〇二二年の間、私は物理的な移動もたくさんしましたし、デジタルを通しての移動もたくさんしました。毎年故郷に帰ると「日本人っぽくなったね」「日本語で話すとなんか違うね」、日本にいると「韓国人ですか?」「李娜さん、中国人?日本人だと思いました!」「中国人ですか」など、いつの間にか私は複数のイメージを持っていることに気づきました。それは、私が普通の人より多様な言語と文化に触れているからだと思います。

超グローバル化・デジタル化している時代、そして多文化多言語時代に、物理的だけではなく、多くの人たちはオンラインという世界でお互いに接しています。言語とアイデンティティは切り離せないものでしたが、多言語話者にとっては「言語＝アイデンティティ」と言えない時代になっているのではないかと思います。もちろん、コリアにルーツを持っているため、コリアの言語や文化などと接する時、帰属意識は感じています。私はアイデンティティも、人それぞれ自分と同じ趣味を持っている人と会った時、親近感を感じるのと同じではないかと思います。複数の自分を持っているので、葛藤もない自由で豊かな人間になれると思いました。

梁 正善さんへの質問

国際結婚し日本で長く暮らされている中で、学校や職場などの社会的関係でも、家族のような親密な関係でも、いろいろ日本と韓国の違いを感じてきたと思います。一方で、日本と韓国の文化は共通的な側面も多いと思います。私は中国で生まれ育った朝鮮族ですが、日本に最初に来た時、社会の在り方と文化習慣においいて「八割が同じで、二割は異なる」という印象をうけました。最初は「全く違う」と感じたところでも、周囲の人と深く付き合ってくると、結局「同じだな」と感じることも多かったです。梁さんは、社会全体でも個人の日常生活において、日本と韓国の共通文化について、何か印象に残ったことはありますか。

梁 正善からの返事

そうですね。印象に残っていることは、まず、一点目は子育てをする際にファミリーサポート（子どもの世話や家事等を手伝ってくれる制度）を通して知り合いになった方の娘さんが私の子どもが通っている保育園の保育士で担任になっていたので、偶然かもしれませんが何故か縁を感じました。また、ファミリーサポートをしてくれた方々とは文通やＳＮＳで繋がり、働きながら子育てしている私のことを常に心配してくれてエールをもらっているので家族みたいに温かみを感じています。

二点目は恩師にいろいろと日本の生活全般に関わることや研究のことを気楽に

相談できるということですね。第二言語である日本語で相談に乗ってもらいますが、要点だけにしぼって話すので韓国語で話すより感情的にならずに、冷静に話せるのでよい関係を保つことができると思っています。

三点目は日本の教育システムが良く理解できない時がありましたが、日本のママ友に教えてもらい助けられたことですね。日本と韓国は大体似ていますが、日本に住んでいるのでここのしきたりや生活規範等を守っています。子どもたちもここ（日本）に住んでいる限りはしきたりや価値観などの影響を受けるだろうと思います。

家庭内でも韓国式のスタイルの思考（価値観）等を発する時がありますが、その都度夫と紛争が起きます（笑）。ここは日本だからという。もちろん日本的な発想をしない時もあり、国際的な発想をする時もしばしばありますが…しかし、私は家庭内では韓国と日本の考え方が当然あって当たり前だと思っています。

国を越えて家族になった国際結婚家族は二つ以上の複数の文化や言語が常に内在しているので、当然日本的、韓国的思考があり発言するのは当たり前だと思っています。問題は国際結婚家庭で異なる言語と文化をどう理解して受け止めるのかが大事であり、それが国際結婚家庭の構成員（家族）のアイデンティティでもあると思っています。

深く考えたことがない質問ですが、振り返ってみると黄先生がおっしゃっているようにラポール関係が大事だと思います。その関係がないと何十年経っても、自分の体験をそのまま他者に話すのはなかなか難しいと思います。個人的には、ラポール、似ているような経験をした人に対しては話すのではないかと思います。

山口祐香さんへの質問

日韓ハーフとして、国と国の関係に翻弄されながら、「韓流」と「嫌韓」などの大衆文化にも影響されてきたと思います。私も日本人の妻と結婚して、三人の子どもを育てていますが、家庭教育において、国籍や民族アイデンティティに関する話題をどのように子どもたちと話したらいいかについて、アドバイスをいただきたいと思います。

山口祐香さんからの返事

基本的に、私は、アイデンティティは個人ごとに「複数存在するもの」として考えています。また、国籍や民族といった概念は、あくまで社会的に構築されてきたものですので、必ずしも個々人が特定の民族アイデンティティ（「私は○○人だ」という感覚）を持つべきだとも考えていません。しかしながら、私も含め、多くの人々は自分の生まれ育った国や土地に愛着を持ち、何かしらのエスニックな文化や習慣を身につけて生きていますし、特にグローバル化が進む中で、多様な価値観や文化を受け止めて生きる人々が増えて来ていることは素晴らしいと思います。様々なアイデンティティを持ちながら、誰もが自分らしい生き方を選択していくことが望ましいですね。

私の場合もそうですが、人間関係や食文化を始め、人々にとって家庭は初めての「異文化交流」の場であり、自分が何者であるかというアイデンティティの根幹を作る場所です。ぜひ、家庭では、両親の国籍や民族アイデンティティなどについて、また両親の出会いや、祖父母などの存在などを子供たちに伝えていくのはどうでしょうか。そうしたファミリーヒストリーは、子供たちが「自分が何人であるか」以上に、「何者であるか」をまず考え、確かな自信を持つための支えになると思います。その上で、「韓流」と「嫌韓」などのように、自分のルーツに関わる国々の歴史的関係性や現状、国際社会の状況などを子供たちが知ることが出来るように教えることは非常に重要です。もし、特定の国籍や民族アイデンティティで何か不利益を被ることがあるとすれば、それはその人の責任ではなく、あくまで社会の問題だからです。一国中心的な価値観に陥らず、多様な視点から世界を眺めることが出来るように教えていくことは、子供たちが自分のルーツや文化に偏見を持ったり、過度に卑下したりせず、自分自身の多様性を受け止めて生きていくために不可欠なことだと思います。

黄　正国（九州大学留学生カウンセラー）・李　娜・梁　正善・山口祐香

第6章

座談会

（平林直樹・松尾寿栄・面高有作・黄　正国・
高松　里・佐藤　武・李　娜・梁　正善・山口祐香）

二〇二二（令和四）年十二月二十七日、午後五時半頃より、約一時間、九州大学伊都キャンパスにて、コリアンの留学生の心理相談および治療に携わっておられる先生方が集合され、本書の執筆をされた李娜さんは中国の北朝鮮に近い延辺で育った朝鮮族の出身で、九州大学で博士を取得されたばかりですが、長崎短期大学で教鞭をとっています。山口祐香さんは、お父さんが日本人、お母さんが韓国人のハーフの方です。同じく、一年前に九州大学で博士を取得され、福岡女学院大学で非常勤をされています。梁　正善さんは、日本人の方と結婚され、現在、西南学院大学をはじめ、「国際結婚をされている方のアイデンティティの研究」や「韓国語」などを数か所の大学で教えておられる方です。

参加者（敬称略）は、平林直樹（九州大学伊都診療所長、内科・心療内科医）、面高有作（九州大学キャンパスライフ・健康支援センター学生相談部門・臨床心理士、准教授）、松尾寿栄（同センター・コーディネート室長、教授）、黄　正国（留学生センター、留学生カウンセラー、准教授）、高松　里（留学生センター、留学生カウンセラー、前准教授）、および司会の佐藤　武（同センター精神科医、前教授）です。

司会：皆様は、日頃から、留学生との関わりが深い先生方ばかりですが、コリアン（朝鮮民族と関係の深い方々）の留学生カウンセリングや治療について、困ったこととか、コミュニケーションがとれない例など、気軽にご質問をお願いします。

高松　里さん：留学生センターでカウンセラーの仕事を三十年以上しています。本学には韓国の留学生もたくさんいますし、長く相談していた学生もいます。その一方で、在日コリアンの研究を一緒に行ってきました。韓国は日本と似ている国ですよね、対人関係の違いがかなりありますし、文化は言葉にできない部分が多いと思います。人間関係においての近さと遠さはあるでしょうが、留学生では友達ができない悩みの人がいて、人間関係において近くなれずに孤立している人の相談も受けました。どんな感じでしょうか。

司会：韓国人に関する著書では、人間関係の説明について、「味噌型」人間関係と書かれており、親子関係や友人関係がかなり密着しているように思われますが・・いかがでしょうか。

山口祐香さん：私は、二〇一四年に韓国のソウル大学に一年間留学した経験があります（交換留学生として）。韓国の大学生の特徴は大きく二点あり、「世代の違い」ともう一つは「地域の違い」があるという印象を受けました。私が留学したソウル大学では、学生はいろんな地域から来ている。私が抱いた印象では、学歴と競争主義に加えて、サークルに入ると、違うと思いますが、みんなは「個人主義」。自分のことは自分でする、助けてとはいわない、助けない、あまり周囲と関わりをもたない。つまり、ソウルの韓国人はそんなに関係性を求めていない印象がありました。フレンドリーな感じはしなかったですね。

プサンの大学では、日本語学科がありまして、カラオケに行こうか、食事へ行こうかと誘われることがあり、人間関係の距離が近かったような気がします。地域差があるのかなあと思いましたし、世代の違いもあるのかなあとか思いました。年輩の方と若い人の人間関係は昔とは違ってきていると思います。

高松　里さん：韓国は競争が激しいように聞いています。

山口祐香さん：ソウル大学では、そんなに楽しい付き合いがなかったような気がします。大学の中では、機会を作ってくれないと、留学生に友達ができない可能性があると思います。

梁　正善さん：教える立場からみると、日本人学生の場合、テストがあるかどうかと戸惑っていた人にラインで連絡をとってあげればよいのに、それをしなかったですね。それからすると、日本人は個人主義が強い印象を受けます。韓国の学生は試験が終わっても、友人が終わるのを待っていてくれますが、日本の学生は先に帰ってしまう。日本人の方が私は私、あなたはあなたという意識が強い印象を受けます。

李娜さん：中国人でも韓国人でも友達であれば、家族のことも共有します。仲の良い女の子同士では、手をつなぎます。日本では「やめてください」と言われました。日本人の家に行っても、勝手に触ることができず、トイレを使ってよいですかとか、冷蔵庫を開けていいですかとか、何でも確認してやります、気をつかうこともありました。

梁　正善さん：日本人の場合、消しゴムを借りていいですかと、確認したことがあります。

山口祐香さん：学食で友人が自分の料理（おかず）を食べられた。それも自然な感じで。びっくりしました。

梁　正善さん：日本人の学生がマックで、先に出されたポテチを一人で食べていました。しかし、韓国人の留学生は、みんなのポテチを集めて、一緒に食べていました。日本人の方が、個人主義が強いのかなあと感じました。

平林直樹さん：診療所に勤務して四年目になりますが。韓国人の受診者は比較的少ない印象です。日本の環境でも自己主張をする学生が多い印象を受けました。

松尾寿栄さん：大変だった経験があります。緊急な事態に陥った場合の対応が多い。ご家族に知られることに抵抗があります。韓国の学生さんはかなり大事にされているという印象を受けました。母親に何度も連絡される。

梁　正善さん：母子関係が強いと思います。

面高有作さん：セクシャル・マイノリティと兵役のこと。男性の立ち位置が優位な状況にあるのでは。女性が男性になるのが、いきづらさがある。社会的なパブリックな差別（スティグマ）があるような気がする。苦しいと言い辛そうな感じがありました。

山口祐香さん：韓国は血縁主義がすごく強い国ですね。母親にすべて連絡します。今どこにいるのかとか。祖母も同じでした。女の子は特に強いと思います。母子関係が考えているより、強い印象はあります。セクシャル・マイノリティの問題は、最近、韓国の文化研究で話題になります。儒教社会がつよい。男性がすごく優位な社会であり、男性はこうあるべき、女性はこうあるべきと規制されているような気がする。性別違和を感じる方は、まだそのことを安心して言える社会ではないと思います。韓国は、クリスチャンが非常に多い国です。一部には、同性愛は異常な現象（病気である）という感覚を持っており、個人の努力や信仰によって、変えることができると考える人もいる。近年は、例えば著名な芸能人がゲイであることをカミングアウトすることなどがあり、人々の多様な性を肯定しようという議論も起こっています。女性や性的マイノリティをめぐる問題は、選挙でも重要な争点になりつつありますが、風当りが強いのも現実です。

男だけが兵役の義務がある。これも問題になっている。最近は、女性の兵役を義務化するかどうかも議論になっています。学歴社会である韓国では、二〇代の貴重な時期に男性のみが兵役につかなければならないことを、「人生のロス」と感じる人も多い。その上、大学卒業後は、同じ二年間で兵役に行かずに学生生活を送ることのできた同世代の女性たちと一緒に就職競争を戦わなければならない。こうしたストレスが、韓国人の若い男性に女性嫌悪が浸透しつつある原因と言われています。

面高有作さん：留学生の場合、学年が変わると、兵役になってしまう。早く卒業したいという気持ちもあるように感じます。

梁　正善さん：兵役は「無駄な時間だ」という学生が多いですね。兵役にネガティブな男性で国際結婚した人が、「子どもの将来のために、兵役や厳しい競争社会から逃れもっとのびのびとした社会の中で育てたい」と、子どもの将来のために、日本に来て、永住したいと言っていました。インタビューされた方の弟さんは、「兵役はいや、脳がとまってしまう、女性も受けてほしい、自分を取り戻すために時間がかかる、いろんな問題がある、精神的におかしくなってしまう。対人関係で適応できずに入院したり、身体的にも大変」と訴えていました。韓国の人口減少、兵役がどういうふうになるか、韓国社会の未来はわからない状況にあります。

松尾寿栄さん：本人は行きたくないようですが、父親は行かないと就職できない。

山口祐香さん：たとえば、身体的に問題がある場合、兵役免除があります。ずっと、兵役に行っていないと、韓国社会での「一人前の男」として認められない、どこの部隊に所属していたか、などによって、人間関係が変わってきます。また、ほとんどの男性が兵役に行くので、軍隊の話が男性の共通話題になることが多く、兵役にいってなければ会話や人間関係に困ることもあるでしょう。

黄　正国さん：中国にいた時から、違和感がある、楽しいときは楽しい、悲しいときは悲しい。期待するとき、感情の幅が広いし、感情の幅が激しい。人間関係を反映している、家族の関係が近い、感情も激しい、親の意思に反した場合、成績が悪かった、帰宅時間が遅かった場合、両親はすごくひどかった、セクシャル・マイノリテーについて、韓国では親の期待に応えなければならない。期待にはずれることには韓国人は激しい。そういうことを意識の片隅に考えて喜怒哀楽が激しい民族。

梁　正善さん：喜怒哀楽が激しい民族だと思います。

山口祐香さん：自分の家の一族、家門にこだわっている。

梁　正善さん：親は子供を自分の一部分と思っている。自分は40歳を超えているのに、キムチをリンゴ箱2箱ほど韓国から送ってくる。私はあなたのために、愛を捧げている、韓国人の親子は、愛の表現が強いと思われます。

高松　里さん：男は男らしく。競争社会でない社会に行きたい、職業競争社会の中に行きたいという韓国人、なんでもやってくれる韓国人、しんどいな、きついな、と思ったりします。

山口祐香さん：最近の韓国ドラマ、最近の世代は変わりつつある、日本に似てきている、個人の自由とか、性別からの自由などを表現する映画が増えている。若い世代が変えようとしている、性の自由とか、社会的な若者の意識が変わりつつある。女子の生きづらさ、変わろうとしている現代の韓国社会、大きく見せることには違和感がありませんか。

　世代によって異なる女性の生きづらさ、変わろうとしているのか、親世代と比較すると、確かに変わりつつあります。

司会：韓国では大きく表現することで、自分が優れているとアピールすることが一般的ですね。大きな自動車（軽自動車は好まれない）、親戚に優れた人がいる、職業観、背が高い、など。また、中国と韓国の風景は似ている気がします。しかし、昔の人は民族独自の特徴がわかりましたが、世代によって異なり、今は区別がつかない。

梁　正善さん：韓国では、見た目が重要。人生が変わる。女性がどのような男性を好むか。見た目が重要で、顔が最も重要な要素となっている。

高松　里さん：現在の男女の交友関係について、少し教えてください。

梁　正善さん：大学における男女関係がどうして男女別々なのか、疑問がありますが、あと十年くらいすると、男と女が自由に遊んでいる、男女の関係はどうなるのか、男女の関係が変わるかもしれない。男性が女性と一緒に遊んでいる。

面高有作さん：日本における自分の子供たち（男子三人いますが）も男女を意識することなく、自由に遊んでいる気がしますが。さて、これからどうなるのでしょうね。

司会：話題はつきないと思いますが、一時間を過ぎましたので、ここで終了いたします。ご参加ありがとうございました。

（平林直樹・松尾寿栄・面高有作・黄　正国・高松　里・佐藤　武・李　娜・梁　正善・山口祐香）

おわりに

私は、二〇二三年三月まで、九州大学留学生センターで、留学生対象のカウンセラーとして仕事をしてきました。佐藤先生と同じタイミングでの定年退職となりました。後任は本書の著者の一人である黄正国先生で、私としてはとても安心しています。（これからもしばらく非常勤カウンセラーとして、留学生との付き合いは続く予定です）

九州大学の留学生数は大変多く、一〇六カ国地域二六四三人（二〇二二年十一月現在）となっています。アジアからの留学生が多く、中国人留学生が一五一〇人と半数以上を占めています。韓国人留学生はどうかと言うと一八六人となっています。ちょっと微妙な数字ですね。

私はもっと多くても良いのではないかと思っています。何せ、近い。韓流ドラマもKポップも日本で人気ですし、韓国の人たちもたくさん日本に遊びに来ています。韓国語を話す日本人も増えています。大学で交流授業をやっていても、韓国人留学生は積極的に日本人学生と交流しようとしています。

でも、本書で山口さん（第四章）が書かれているように、日韓関係の悪化が、留学生交流においても影を落としているように感じます。本来、政治と文化交流は区別されるべきですが、双方の国民感情に影響します。最近になって、少し明るい兆しが見え始めていて、期待したいところです。

さて、私はカウンセラーとして、たくさんの韓国人留学生と話してきました。また、授業もやっており、「日本事情」などの「多文化クラス」（留学生と日本人学生が一緒に話したり遊んだり、各国の料理を食べたりする）で、韓国人留学生の様子を見てきました。

彼らの特徴は、「日本人と似ている」ということです。中国人留学生と比べてみても、区別のつかなさは際立っています。もちろん髪型などの外見上の違いは少しありますが、同じ教室で勉強している姿を見ると、私はよく日本人学生と間違えます（逆に日本人学生を韓国人学生だと思い込んだこともあります）。また、日本語能力の高さも彼らの特徴です。韓国語と日本語は語順も似ていますし、同じ発音の言葉もあります（第三章）。そのため、日本語でのコミュニケーションに問題がないという学生がたくさんいます。

さらには、文化的な類似性もあります。例えば、韓国人も日本人も相手との年齢差を気にします。年齢が上か下かによって、使う言葉や態度が変わってくるので、知り合うとまず相手がいくつなのかを知ろうとします。そうしないと話せません。

このように類似点が多い日本人と韓国人ですが、実際には微妙な違いがあります。

第一章で佐藤先生が指摘しているように、日本の大学では、実年齢より学年が優先します。学年が上なら「先輩」で、基本敬語です。年齢の上下があっても、学年が上であれば先輩扱いになります。韓国では年齢が優先しますので、微妙な違和感が出てきます。また、韓国は男性の兵役義務があります。約二年間学業を離れることになるので、学部生の時に兵役に行くと、帰ってくると同じ学年の日本人学生とは年齢差が気になります。先輩なのか後輩なのかわかりにくくなります。

この問題のように、「似ているが、微妙に違う」ということが、韓国人留学生の適応が難しいところだと思います。顔つきは似ている、文化も言語も似ていますが、決定的な違いは、人間関係の距離感にあります。日本人の距離の遠さは、どの留学生でも戸惑うことの一つですが、欧米の学生のように、元々「違う」ということを認識している場合なら問題は少なくなります。韓国人にとって、似ているものですから、「同じ」だと思いがちです。

例えば、授業中よく話題になるのは、「日本人はＬＩＮＥの返事が遅い」という問題です。留学生はすぐに返事をするのに、日本人学生からは返事が来ない。「誘ったのに、誰も返事が来ない」「こんな簡単なことを決めるのになんで時間がかかるのか」と怒っていた韓国人留学生がいました。こんな風だから友達になれない、と彼らは言います。そこで、日本人学生に聞いてみると、別の考え方をしていることがわかります。「すぐに応答をすると（早く返事をしろという）プレッシャーをかけることになるので、少し時間を置く」とのことです。つまりこれは相手に対する配慮であることがわかってきます。

でも、留学生はさらに「返事なんか十秒で書けるじゃないか」と言います。つまり彼らは実際に、その場で十秒で書いているわけです。これも授業で議論してみました。すると、日本人学生は「バイト先でも授業中でも、携帯を手元に置かない。携帯を見ると、相手に失礼になる」と言います。日本では、職場にも授業にもプライベートなものを持ち込まないという原則があるのです（本書第二章に、「日本の会社生活は外国とは違います。私的なことは許されないみたいです」という指摘があります）。しかし、デジタル化が進んでいる韓国では、常に携帯がないと仕事にならない。だからいつも手元に置いているし、それは別に失礼でもない、という話になりました。職場の環境が日本より少し緩いようです。

しかし、一方で不思議なことに、日本人はＬＩＮＥの返事が遅いのに、贈り物に対する返礼は極端に早いのです（第三章）。しかももらったものと同程度のものを返す。「ありがとう」と何度も繰り返す。これでは、せっかく贈った側の気持ちは無視されてしまいます。

実は、この二つはどちらも基本は同じです。それは、日本人の「人との適切な距離を保つ」という原則です。返事を急がしたり、人に借りを作ると、それが気になり始め、距離が縮まっていきます。例えば、日本人は小さな頃から「友達にお金を貸すな」と親から教育されます。お金を貸すと友情が壊れる、と考えています。おそらくこれは、お金を貸すと抜き差しならぬ関係になってしまい、自由な者同士としての友人ではなくなってしまうことを言っているのでしょう。

では、それはなぜか？なぜ距離が近いと息苦しくなるのか？これは小さい頃から教えられる「人に迷惑をかけるな」という教え（呪詛？）が関わっているように思えます。実は「何が迷惑か」はやってみないとわかりません。一つの行動が迷惑になるかどうかは、関係性にもよりますし、相手の性格や文化にもよります。だから、「もしかしたら知らないうちに迷惑をかけてしまっているのではないか」という可能性は常にあります。日本人はそれをいつまでも気にします。そこで、「気にするのがいやなら、最初から距離を取れば良い」という戦略を取っているように見えます。

ではさらに、なぜ日本人は「人に迷惑をかけるな」が当然だと思っているのか？この辺になってくると私にもよくわかりません。このあたりで、「言語化」の限界が近づいてきます。

この言語化が可能な領域の先が、「異文化」と呼ばれるものです。私は異文化を「その人が従来から持っている言葉では表現できない状況を指す」と定義しています（高松里「ライフストーリー・レビュー入門」創元社、二〇一五年）。日本人ですら、自分たちの行動の理由がわからないという「異文化」を自分の身の内に持っています。説明しようとしてもできない。「それが当然じゃないか」というあたりは、すでに「異文化」です。

異文化理解とは、「よくわからないなあ」というものを、「なぜだろうか」と考え続けるということです。考え続け、仮説を出す。そして現実と照らし合わせる。

そうしていると少しずつ、言葉にできる領域が増え、「異文化度」（造語です）が下がっていきます。

私はそういうプロセスがとても面白いし、自分自身の思い込みから徐々に解放されていく感じがします。本書を読まれた方もそう感じたのではないでしょうか？ 異文化と接するというのは、自分自身に気づく、ということです。「似ているが違う」という韓国人留学生の存在は、我々にとって貴重な「鏡」となっています。

（高松　里）

謝辞

なお、挿絵につきましては、中嶋 稔さんの作品によるものです。私たちの記憶の片隅に残っている幼い頃の風景を鉛筆を用いて、細かく描写していただきました。いつも私たちのこころを癒してくれます。心から感謝申し上げます。なお、本書によって日韓友好関係がますます深まることを切に祈っています。

（佐藤 武）

二〇二三（令和五）年九月

【著者一覧】（第１章から第５章）

佐藤　武（さとうたけし） 1957年9月　佐賀県唐津市生。佐賀医科大学医学科卒。精神保健指定医、医学博士、日本医師会認定産業医。2002年、佐賀大学教授（保健管理センター所長、8期16年）
中国・大連医科大学客座教授（学外兼任、3年間）、佐賀大学大学院医学研究科博士課程生態系専攻保健疫学部門教授、University of Otago, School of Medicine（Wellington, NZ）招聘教授（学外兼任、3か月間出張）2019年4月　九州大学キャンパスライフ・健康支援センター教授（2023年3月定年）、2023年4月現在　九州大学伊都診療所・SAGAなんでも相談クリニックなどに勤務。
主な著書：（一部）うつ100のサイン. 東京: ベストセラーズ, 2004, p.1-229.
我得了抑郁症吗？抑郁症的100种征兆. 上海: 華東師範大学出版社, 2008, p. 1-219. (in Chinese)
我得了憂鬱症嗎. 台北: 麥田出版, 2006, p.1-234. (in Taiwanese)
오올한당신이유쾌해지눈100가지방법. 넥서스BOOK: 서울, 2005, p. 1-227. (in Korean) 等
Committee membership ：（一　部） Distinguished fellow of Pacific Rim College of Psychiatrists
全国大学メンタルヘルス学会理事（学会誌・編集顧問）

李　娜（りな）（中国・延辺朝鮮族自治州出身）。
1992年に中国吉林省生まれ。中国の大学を卒業後、宮崎大学大学院教育学部研究科（修士課程）卒。その後九州大学地球社会統合科学府（博士課程）を修了し、博士（学術）。現在、九州大学大学院比較社会文化研究院特別研究者。専門は日本語教育、複言語話者の言語使用・アイデンティティ。
2023年4月　北九州市立大学国際教育交流センター　日本語非常勤講師、国際交流協定校・コーディネーター。

梁　正善（やん　じょんそん）（韓国出身）
西南学院大学大学院　国際文化研究科　博士後期課程修了。西南学院大学、福岡女子大学、活水女子大学、長崎純心大学、長崎外国語大学　非常勤講師。
専門：日本語教育（修士）、韓国学（修士）、児童家族（修士）、国際文化(博士)
研究分野：日韓国際結婚家庭の親子のアイデンティティと言語、韓国語教育、継承語教育
訳著書：旅する長崎学６（韓国語版、共訳）著書：完全韓国語初級Ⅰ（共著）
論文：日韓国際結婚家庭における親子のライフストーリー、日本人学習者のための韓国語の擬声語・擬態語の教育案　等

山口　祐香（やまぐち　ゆか）
1993年生まれ。日本学術振興会特別研究員PD。
九州大学21世紀プログラム課程、同大学院地球社会統合科学府博士課程を修了し、博士（学術）。
日本学術振興会特別研究員（DC1）、九州大学アジア・オセアニア研究教育機構学術研究員などを経て、2022年4月より現職。専門は、戦後日韓関係史・在日朝鮮人史・社会運動史・日韓市民社会論。

黄　正国（こう　せいこく）

1978年に中国吉林省生まれ。2003年3月に私費外国人留学生として来日。

日本語学校での勉強を経て、2005年に広島大学教育学部心理学講座に進学。

2014年に同大学大学院博士課程を修了（博士（心理学））。

臨床心理士、公認心理師の資格を取得し、大学および医療機関（小児科、精神神経科、脳神経外科）で心理支援業務にとりくむ。現在、九州大学留学生センターで准教授として研究と教育に携わる一方、キャンパスライフ・健康支援センターのカウンセラーを兼任し留学生の支援に当たっている。

【対談参加者の紹介】（第６章）

平林　直樹（ひらばやし　なおき）
九州大学医学部卒。医学博士。現在、九州大学伊都診療所長。多くの留学生の心身両面の診療活動を行っている。

面高　有作（おもたか　ゆうさく）
九州大学大学院卒（博士（心理学））。現在、九州大学キャンパスライフ・健康支援センター准教授。コーディネート室から学生カウンセラーへ、留学生の対応にも応じている。

松尾　寿栄（まつお　さかえ）
宮崎大学医学部博士課程卒（医学博士）。現在、九州大学キャンパスライフ・健康支援センター教授。コーディネート室長。緊急事態の対応。留学生の危機対応などにも従事。

【第６章・おわりに】

高松　里（たかまつ　さとし）
北海道大学卒。九州大学留学生カウンセラー准教授（2023年３月定年）。30年以上にわたり、留学生のカウンセリングを行ってこられた専門家。

人間みな違うはずですが？

コリアン編

発行日　令和５年９月23日

著　　者　佐藤　武　李　娜
　　　　　梁　正善　山口　祐香
　　　　　黄　正国

発　　行　佐賀新聞社

製作販売　佐賀新聞プランニング
　　　　　〒840-0815　佐賀市天神3-2-23
　　　　　電話　0952-28-2152（編集部）

印　　刷　佐賀印刷社